滨州，老么好

因为一本书，爱上一座城……

《滨州，老么好》编委会

山东友谊出版社

《山东城市特色文化丛书》编委会

主　　任　　李昌文 魏长民

委　　员　　姜利平 李善伟 丁绍敏 袁罡 宋德印 刘斌 盛利 李红梅

主　　办　　山东省人民政府新闻办公室

承　　办　　中国山东网

《滨州，老么好》编委会

主　　任　　王晓娟

副 主 任　　石淑芬 马广才

委　　员　　李雪海 张立滨 刘娟

协　　办　　中共滨州市委对外宣传办公室
　　　　　　滨州市人民政府新闻办公室
　　　　　　新之航传媒集团有限公司

主　　编　　李红梅

副 主 编　　刘辉晶

主创团队　　刘辉晶 杨霞 周亚 侯雅文 王爽 谭雪莹 刘玉彩 刘朔 王子良 刘畅 冯芳

装帧设计　　杨霞 刘玉彩 刘朔 冯芳

插　　画　　刘朔 刘畅

顾　　问　　王丽平 侯贺良 李振平 刘清春 李默 刘刚 赵利军 邱丽娜

特约摄影　　苏子龙

特别感谢　　山东艺术学院设计学院影像艺术系第四工作室
　　　　　　新之航畅销书出版 & 城市品牌创意研发中心

lǎo me hǎo

老么好

在滨州话中，“老”有很、极的意思，
“么”为“老”的后缀，起强调的作用，
“老么好”即“很好、非常好”之意。

序言 PREFACE

滨州，老么好！

滨州的历史文化源远流长。这里是黄河文化与齐文化的发祥地之一；这里抚育了中国古代著名军事家孙武、汉孝子董永、宋代著名政治家范仲淹、清代帝师杜受田等众多历史人物；这里有着深植于滨州人骨血中的“老渤海精神”，淳朴厚重的红色文化底蕴是滨州人宝贵的财富……

《滨州，老么好》这本书，书虽小，却有看头，有嚼头，从古到今、从雅到俗、从吃到玩，把一个好玩、有趣，看得见历史、接得着地气的滨州，串联得活色生香。一句“老么好”就把地道滨州味儿散发出来，很有亲切感。

一座城市要有自己的味道，城市文化应该是发自骨子里的，浸透在市民身上的，沉淀在街头巷尾里的，有着独一无二的历史底蕴、人文情怀与精神品格。滨州，有历史，有文化，多故事，出名人；滨州人，内敛、实在、包容、热情，做人做事、待人接物都是“老么好”。

滨州，不仅仅是滨州人的滨州，还应是五湖四海人的滨州。让天下人知道滨州、喜欢滨州、常来滨州是每一位滨州人的美好心愿。我们要好好梳理滨州文化、讲好滨州故事、做好滨州文章，让天下人记住滨州、传播滨州、带走滨州。

传播滨州文化，要找准定位、狠抓特色、叫响品牌；发展滨州文化，要有更开阔的视野、更崭新的思路、更有力的措施。《滨州，老么好》这本书，不仅是对宣传滨州这座城市的重要贡献，也是一个很好的创新案例，是紧密结合市场做出的有意义的尝试。把这本书做好，在此基础上，做更好的滨州人文推广延伸，以点带面，提升滨州产业发展。

厚德齐鲁，文化山东。富饶的黄河三角洲腹地中的滨州，是山东省的北大门。希望每一位滨州人、每一位来到滨州的人，都能了解这里、爱上这里，让这座城市从书上走到每个人的心里。只有真正接地气的文化，才是城市的文化。真切地希望《滨州，老么好》把滨州的真、滨州的善、滨州的美、滨州的味儿，挖掘出来，传递出去。

《滨州，老么好》，老么好！

九曲横带

间就像这条古老的河，
缓而过，
留下深深的印记与记忆。

三蒲叠翠

蒲湖、蒲园、蒲台古城，争奇斗艳；
芦苇、烟柳、树上黄莺，水韵滨城。

瀚海景天

听涛怀古，卧林闻语，
悠悠时光老，中海天地新。

银河英姿

华灯初上，映照碧波悠悠，
想牵着你的手，
沿着新立河慢慢走……

濱州名片
全国文明城市提名城市
中国特色魅力城市
中国优秀旅游城市
全国科技进步先进市
全国双拥模范城市
中国优秀旅游城市
全国文明城市提名城市

国家级卫生城市
国家园林城市
全国科技进步先进市
全国双拥模范城市
国家园林城市
中国水土保持生态环境示范市
中国特色魅力城市
国家级卫生城市

红园塔雪

青山不老，我们不忘，
老渤海革命精神永存心间！

滨州新八景

双闸飞潮

春见莺燕起舞，留恋花丛；
夏赏树木葱茏，苍翠欲滴；
秋盼落霞满天，江意尽染；
冬望白雪皑皑，寒日雅趣。

沧堡渔歌 鸢飞鱼跃，树茂花艳，
亭台楼阁点缀其中，
宛若江南水乡。

古城流韵

古城旧居，尽显鲁北风
闲逛走访，学习处世之

千 年 历 史 名 城，

今朝还看滨州

目录 CONTENT

序言 PREFACE

第一章 说古朴，话摩登，都是滨州

CHAPTER 1

第二章 您好先哲，来一场跨时空对话

CHAPTER 2

第三章 忆江南，忆江南，亦是北国江南

CHAPTER 3

第四章 曲艺搭台，有礼有节

CHAPTER 4

第五章 手艺即心意，此中有真意

CHAPTER 5

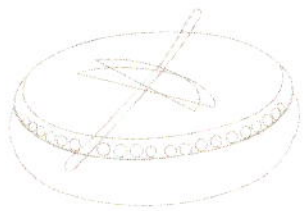

第六章 寻味寻味，寻找记忆里的古早味

CHAPTER 6

第七章 陌上花开，可缓缓归矣

CHAPTER 7

第八章 带得走的礼物，带不走的惦念

CHAPTER 8

第九章 情不知所起，醉在这美城中

CHAPTER 9

第十章 私享·畅游滨州

CHAPTER 10

后记 POSTSCRIPT

说古朴，话摩登 都是滨州

第一章

想讲个故事，
在渤海之滨，
在黄河之洲。
那故事，随黄河水流淌延续，
躲在古城的青砖里，
藏在兵圣的传说中。

滨州

滨州，一座有故事的城

张卡　侯贺良 赵利军　苏子龙　中共滨州市委宣传部

滨州靠海临河，地处鲁北平原、黄河三角洲腹地，极适宜人类生存、繁衍生息，是黄河文化和齐文化的发祥地之一，有着悠久的历史、深厚的文化底蕴，是中国重要的历史文化名城。

滨州的文物古迹得到了有效保护，封存较好，在考古发掘和重大项目施工中屡有重大收获——1991 年，山东大学考古系师生在邹平丁公遗址发现了龙山文化城址和龙山文化刻字陶文，前者被评

为“1991年中国十大考古新发现”之一，后者因比甲骨文早了八百余年，对于研究中国文明起源具有重要的学术价值，在国内外引起了极大的轰动；博兴龙华寺遗址近年来出土大量铜石造像，且多有铭文题记，被称为中国佛教考古的重大收获，从而证明滨州佛教信仰在南北朝和隋朝时曾盛极一时；滨城的兰家遗址、惠民的大郭遗址等众多遗址都出土有精美的青铜器；滨州又因其近海，沾化、无棣、阳信、滨城各县区，自商周时期便是当时的主要产盐区，生产的食盐专供商周王朝食用，黄河三角洲盐业考古已被列入国家重大考古项目之一……

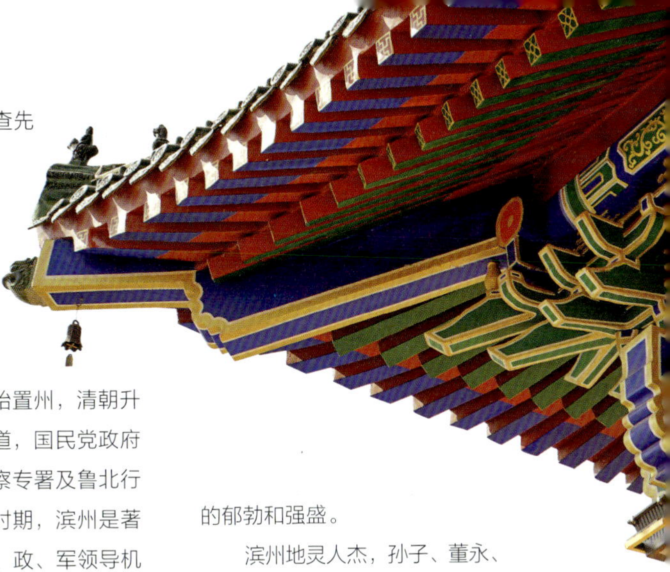

多年来，通过考古调查先后发现后李文化、北辛文化、大汶口文化、龙山文化遗址，滨州史前文化发展序列极为清晰。自商朝便建有蒲姑国，秦朝开始建县，西汉起先后建有郡或国，隋朝开始置州，清朝升州为府，民国初曾一度置道，国民党政府先后置第五和第十行政督察专署及鲁北行署。抗日战争和解放战争时期，滨州是著名的渤海区革命根据地党、政、军领导机关驻地。建国后，滨州行政区域不断调整、变更，至今，滨州市辖滨城区、沾化区、邹平市（县级市）、惠民县、阳信县、无棣县、博兴县 2 区 1 市 4 县和滨州经济技术开发区、滨州高新技术产业开发区、滨州北海经济开发区，是黄河三角洲区域内最大的行政区。

黄河穿城而过，冲击出了平原和沃土，孕育出了生命和希望，流淌出了繁华和文明。同时，黄河也形成了屏障和阻隔，带来了危机和险情，历史上黄河多次改道，滨州人民依黄河而生，同时不懈地和黄河进行着斗争。道旭渡口和张肖堂险工便是展现滨州人民有效引黄、治黄的伟大工程，正是它们的存在，才造就了滨州这座城市的郁勃和强盛。

滨州地灵人杰，孙子、董永、杜受田等名人辈出，苏轼、范仲淹、梁漱溟等人曾在此留下足迹。滨州有着众多世家大族和文人学士，他们与全国各地许多望族、学者有着千丝万缕的联系，鸿儒往来，唱和频繁，为滨州留下了大量珍贵的字画作品。如明代文徵明的《辋川别业图》、清代张宗苍的《山水图》、清代任熏的《雄鸡图》等画卷，明永乐三年（1406 年）用泥金书写的《大方便佛报恩经》、清康熙皇帝御笔的《带经堂》轴卷、乾隆皇帝御笔的《春日临帖》条幅、清末著名金石学家吴式芬的《临摹金文手稿》等，这些艺术作品各具特色，是研究绘画、书法难得的珍贵资料，也证实了滨州历史文化的源远流长，为后世留下了不可多得的文化瑰宝。

滨州民间艺术蓬勃发展、繁花似锦，吕剧、渤海大鼓、东路梆子深受喜爱，剪纸、蓝印花布、木版年画影响深远，这些优秀的民间文化沉淀、融入、滋养着滨州人的日常生活，并将代代传承，影响着后世的每一个人，创造出无限可能。

古时，滨州曾为重要交通枢纽、商业重镇；革命战争时期，滨州曾是渤海革命老区中心区、渤海区党委机关驻地。如今的滨州，四环五海，是黄河三角洲区域内最大的行政区，是黄三角高效生态经济区、山东半岛蓝色经济区两大国家级战略的叠加区，也是省会城市经济圈中唯一一个滨海、有出海港口的城市，先后荣获“国家级卫生城市、全国双拥模范城市、中国特色魅力城市、中国水土保持生态环境示范市、全国科技进步先进市、中国优秀旅游城市、国家园林城市、全国文明城市提名城市”等称号。滨州，正以它深邃的历史、独特的魅力，吸引着全中国乃至全世界人的目光。

翻翻咱滨州的经济家底

✎ 刘清春 📷 赵利军 中共滨州市委宣传部

俗语常说：有钱才能腰杆硬。的确，经济，不但是过日子的家底，而且是一个地域的骨头架子。

盘点滨州经济，你可能会大吃一惊——咱的骨头架子很硬呢！大企业如魏桥、京博、滨化，拿出来个个是行业翘楚。

今天，滨州并没有满足于这些大企业、好成绩，正在努力打造“五大千亿级产业集群”，大力助推新旧动能转换重大工程。五大千亿级产业集群

即高端铝产业、新型化工、粮食加工、家纺纺织、畜牧水产产业集群。规划到2020年，通过改造、提升五大千亿级产业集群传统动能，实现1.2万亿级产业规模。

打造高端铝产业集群。尽管电解铝是传统产业，但滨州却占领了产业高端。加速建设高端铝产业集群，加快航空铝材、轨道交通、军工、汽车轮毂、变速箱壳体等领域高端铝产品开发应用，推动高端铝产业做专、做强、做优。靠着铝产业链的完整，北汽集团与滨州活塞集团进行重组，

盟威等企业进一步发展壮大。到“十三五”末，滨州力争实现拥有规模涉铝企业 100 家以上，产值达到 5000 亿元。

打造新型化工产业集群。抢抓滨州列入全省石化产业基地规划机遇，按照进区入园要求，坚决淘汰违法违规落后产能，一大批如滨化集团、中海沥青、鑫岳集团等现代化工企业正在加快石化产业转型升级，努力实现 2000 亿级发展目标，打造全国重要的高端石化产业基地。

打造粮食加工产业集群。在稳步扩大生产规模的基础上，以泰裕麦业、香驰粮油、西王食品等企业为龙头，大力发展粮食精深加工，围绕单个产品做精做细，推动产品高端化，加快实现 1500 亿级的发展目标，努力建设国家级粮食产业融合循环经济示范区。滨州粮食产业一体化、全产业链发展的“滨州模式”，得到国家粮食局的认可肯定，全国学习推广“滨州模式”“滨州现象”的现场会在滨

州召开，“滨州模式”成为中国粮食产业经济快速发展的重要典范。

打造家纺纺织产业集群。统筹抓好国内国外两个市场，打通线上线下两个领域，不断扩大有效供给，确保实现1300亿级的发展目标，力争向1500亿级迈进，努力建设国家级高效生态纺织产业基地。一批如魏桥纺织、亚光家纺、愉悦家纺等市属企业飞速发展。

打造畜牧水产业集群。建设“海上粮仓”“海洋牧场”，推进特色水产品标准化生产、精深化加工，建设国家级现代优质畜牧业基地和绿色水产品生产加工基地。

同时，经济的飞速发展让滨州越来越时髦。以正在建设的京东黄河三角洲云计算大数据中心为例，基地建成后，将成为“环渤海经济圈大数据中心”，为黄河三角洲地区云计算、大数据和移动互联网等业务提供坚实的互联网基础设施平台。目前，京东集团核心系统都已建立在“京东云”之上，滨州项目将成为京东云平台的又一骨干节点。

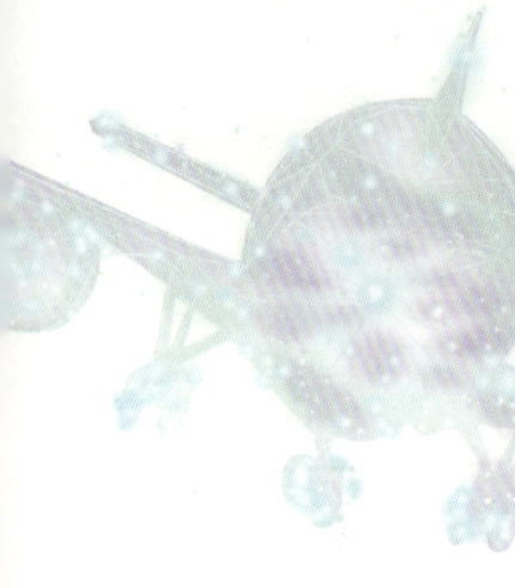

同样在秦皇河畔，一个现代化高科技孵化器将要诞生——滨州·中建智立方项目。这个项目致力于打造集科创、研发、商务、产业公共服务、总部基地为一体的高科技产业带，构建高端人才聚集、创新创业活跃、高效率创投运作、高端要素聚集的创新生态新体系。

经济的骨骼强劲为我们带来一系列新憧憬——飞向蓝天的滨州航空产业、奔向远方的高铁蓝图，还有面向蔚蓝的滨州港。

2002 年，大高通用航空城经山东省人民政府同意建设，并报经空军司令部批准。2005 年，奥地利钻石飞机落户大高通用航空城，国内第一架具有 EASA（欧洲航空安全组织）认证的钻石 DA-40 型飞机，在滨州下线并首航试飞成功。2006 年，滨州学院率先组建全国地方高校第一个飞行学院。2006 年，经国务院批准、我国有史以来规模最大的中国国际通用航空产业盛会——首届“中国国际通用航空产业博览会”在滨州举行。目前，滨州的航空产业涉及航空产业园、飞机制造、飞机维修、通用机场、飞行员培训、空服人员培训、低空旅游等诸多板块，几乎涵盖航空全产业链。

高铁离咱家乡还有多远?

济青高铁将于 2018 年 12 月通车运营，京沪高铁第二通道、济滨、滨东、滨淄、德滨等国家级、省级规划高铁项目将途径滨州，实现铁路由低速低质向高速高质发展的升级，市民在不远的将来即可实现高铁便捷高效出行。

滨州港，龙抬头，结束了滨州靠海不见海的历史。从 1969 年两个 500 吨级泊位起步，近半个世纪里，滨州港建设潮起潮落、几经变迁，成为滨州持续时间最久、百姓关注最切、对全市经济社会格局影响最

为深远的工程项目。为了她，多少代滨州人念兹在兹、朝思暮想；为了她，历届市委、市政府孜孜无怠、接力攻坚；为了她，无数建港人呕心沥血、手足胼胝……感天动地的建港历程，凝聚成一座执政为民的丰碑，谱写出一曲自强不息的壮歌。

2017 年，滨州港海港港区完成吞吐量 1005.6 万吨，再创新高，顺利完成了市政府下达的 1000 万吨的任务目标。2 个 3 万吨级液体化工泊位于 2017 年 4 月底投入试运营，港口投入运营的泊位达到 4 个。2 个 3 万吨级散杂货泊位运营日益向好，开通了滨州港至青岛港的集装箱班轮，先后创出昼夜吞吐量 3.92 万吨、昼夜市提 496 车、昼夜靠离船 6 艘次等 21 项生产纪录，连续 3 个月吞吐量突破 50 万吨！

滨州，永远告别了盐碱地、小工厂的时代！滨州，面向海洋，面向蓝天，面向未来，飞速前进着！

藏在老照片里的滨州故事

✎ 李振平 周亚 📷 李振平

百年前的滨州是什么样子？人们的穿着打扮如何？住宅和现在有什么区别？交往是何种景象？交通工具是什么？从事什么样的生产活动？

我们曾经有过无数的想象，直到发现了拍摄于百年前的滨州老照片，疑问才得以解答。这些老照片如同时光隧道穿梭机，带我们一下回到了从前的滨州。

为我们留下这些珍贵影像的人名叫赵诚。

1897 年，英国人 Alfred Ernest Greening 携全家远渡重洋来到中国，从事传教工作，并且入乡随俗地为自己取名“赵诚”。

赵诚在滨州北镇生活了近四十年，度过了他人生中极为重要的一段岁月。在这近四十年的时光里，他融入滨州人的生活之中，深入了解滨州的历史、文化，主导建起教堂、学校、医院，被后人称为“至今唯一会说北镇话的外国人，当时唯一一个用客观眼光观察北镇和蒲城的人”，并且是“唯一一个用照相机记录过 100 年前滨州的人”。

赵诚为滨州的教育、医疗事业做出了重要贡献。1900 年，他先在位于北镇西北方向的范集村（今滨州经济技术开发区沙河办事处范集村）组织建教堂、建学校，后因义和团运动冲击逃至威海。1901 年，

● 塞莉与她的姊妹们

● 赵诚牧师一家（1910 年摄于北镇）

● 赵诚在北镇住处使用的井（现存于滨州苗圃）

他与家人又重返北镇，和英国传教士聂德华在北镇东南角建成鸿文教堂，在原蒲台县城东北角（今北镇苗圃位置）建成当时鲁北地区最早的新式学校鸿文中学。教会又在北镇西大街南头的黄河大堤北侧（今渤海五路南首大堤东侧）买下一片地，先后建成了可容纳近千人的大礼堂和当时鲁北地区最早的现代医院鸿济医院。

赵诚是当时最后一个离开北镇教区的英国传教士。他一直在滨州北镇生活到 1936 年，由于健康原因回英，并将当时拍摄的照片一并带了回去，这些照片后由他的后人精心保存。

赵诚的三个女儿都在中国生长，最小的女儿艾琳娜 · 玛格丽特出生在滨州，15 岁时才随父回国。艾琳娜 · 玛格丽特和她的父亲、姐姐一样，心中充满了对滨州的回忆，这也深深地影响了她的女儿。

终于，艾琳娜 · 玛格丽特的女儿塞莉不远万里来到滨州，只为找到先辈们常挂嘴边的那个地方，看看他们曾经生活、工作过的那些地方，并且将那些隐藏着滨州故事的珍贵照片，从遥远的英国带了回来，让我们能够还原出一百年前生动而又真实的滨州。那些模糊的岁月记忆，那些散落的老城故事，也终于回家了。

塞莉向滨州记者讲述老照片的故事

一代兵圣，玩转兵法

✎ 周亚　📷 侯贺良　中共滨州市委宣传部

在西汉著名史学家司马迁的《史记》里，有这么一个有趣又耐人深思的故事。

春秋末年，诸国并立。齐人孙武精通兵法，为人刚直，是一个军事天才。在至交好友伍子胥的多次引荐下，孙武获得吴王阖闾的召见。他带上潜心研究的军事著作——兵法十三篇觐见阖闾，并与其讨论晋国六卿强弱。孙武的见解深邃、独到，引阖闾赞不绝口。为了对孙武的统兵能力加以测试，阖闾故意挑选近百位宫中美女组成队伍令孙武操练。

《孙子兵法》作为中国古代军事文化遗产中的璀璨瑰宝，以其博大精深的内涵，向全世界传递着兵法的“大智慧、大战略”。

孙武令众美女持戟列为两队，命吴王的两位宠姬担任左右队长，当场宣布清楚规定后，搬出了行刑用的斧钺，反复向众女交代：如有人不从，则依军法处置。美女们自然吃不了这苦，也不相信吴王真的会处罚她们，更有甚者，在孙武指挥她们向左、向右时哄堂大笑。

但并不是所有爱笑的女生运气都比较好，孙武当即决定斩首两位宠姬队长。从阅兵台上观望的吴王却十分怜香惜玉，他看见孙武将要斩杀自己的爱姬，大惊失色，急急命人阻拦说：“好了好了，寡人已经知道你善于用兵了，但寡人若是没了这两位爱姬，则食不知味，还请手下留情啊！”

孙武却答：君上既然已命臣下为将军，将在军中，君命有所不受！然后坚持斩杀了两位宠姬，并选出新的队长。再次开始操练时，众宫女们令其向左无人向右，令其向前无人靠后，摸爬滚打，全都合乎军令纪律，阵形十分齐整，并且无一人敢出声。

吴王痛失爱姬，虽有苦难言，却也真正见识、认可了孙武的领兵能力，遂命他以客卿身份任将军。后来吴楚大战，孙武指挥吴国军队以三万之师，千里远袭，破楚六十万大军，几近覆亡楚国。直至伍子胥被吴王夫差赐死后，孙武对吴王深感失望，从此归隐山林，潜心修订其兵法著作，也就有了享誉古今的《孙子兵法》。后人感念孙武的军事才能，尊称其为孙子、兵圣。

两千多年过去了，当初的故事留在了史书中，流传至今。《孙子兵法》作为中国古代军事文化遗产中的璀璨瑰宝，以其博大精深的内涵，向全世界人民传递着兵法的“大智慧、大战略”。

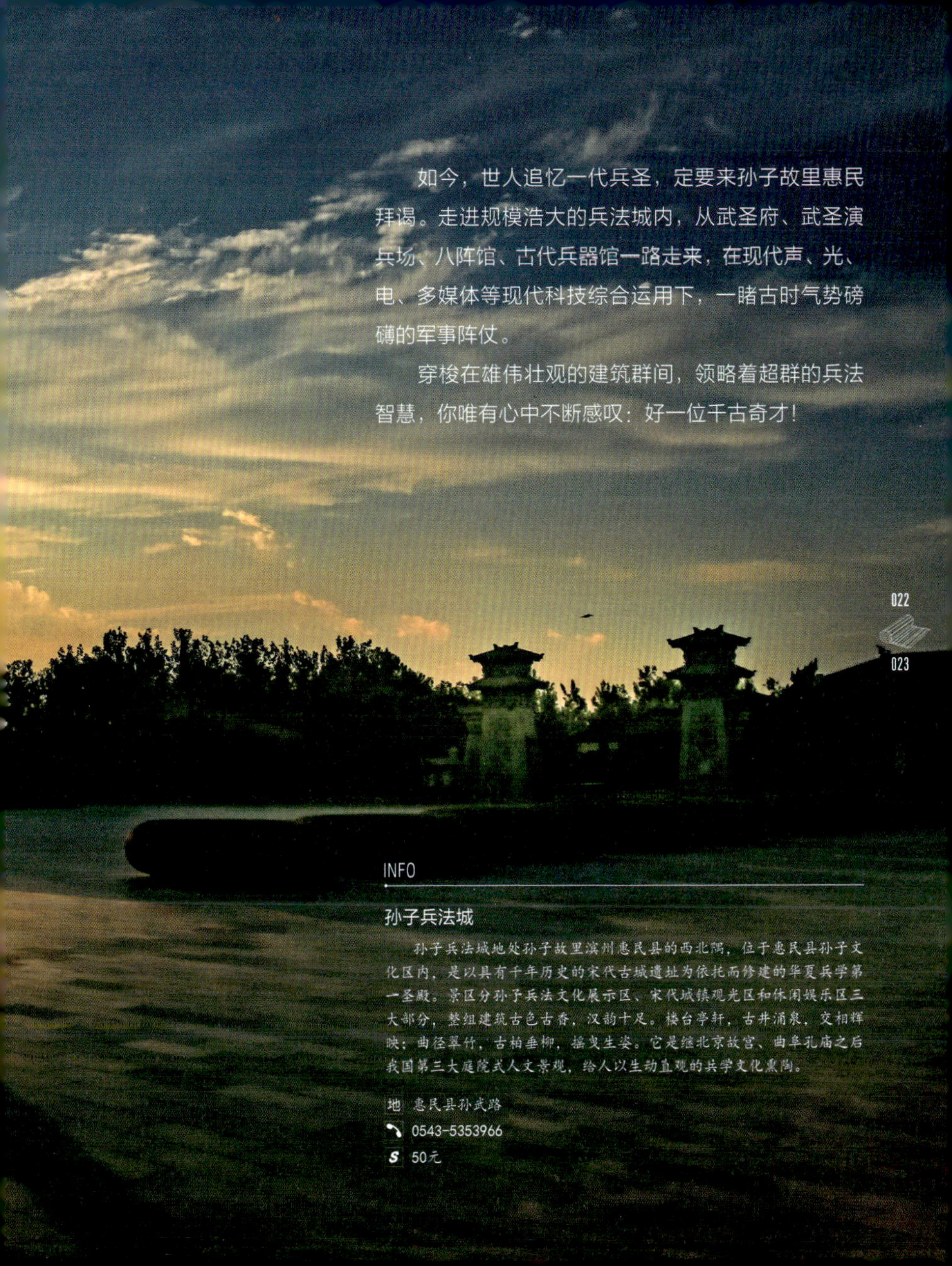

如今，世人追忆一代兵圣，定要来孙子故里惠民拜谒。走进规模浩大的兵法城内，从武圣府、武圣演兵场、八阵馆、古代兵器馆一路走来，在现代声、光、电、多媒体等现代科技综合运用下，一睹古时气势磅礴的军事阵仗。

穿梭在雄伟壮观的建筑群间，领略着超群的兵法智慧，你唯有心中不断感叹：好一位千古奇才！

INFO

孙子兵法城

孙子兵法城地处孙子故里滨州惠民县的西北隅，位于惠民县孙子文化区内，是以具有千年历史的宋代古城遗址为依托而修建的华夏兵学第一圣殿。景区分孙子兵法文化展示区、宋代城镇观光区和休闲娱乐区三大部分，整组建筑古色古香，汉韵十足。楼台亭轩，古井涌泉，交相辉映；曲径翠竹，古柏垂柳，摇曳生姿。它是继北京故宫、曲阜孔庙之后我国第三大庭院式人文景观，给人以生动直观的兵学文化熏陶。

地 惠民县孙武路

0543-5353966

50元

说一说，齐国故都临淄前世的那个古城

续断

烟树凄凄古帝州，荒城故址至今留。
春光尤自生南浦，夜月空余照北楼。
青草易增离别恨，苍苔不尽古今愁。
昔年台榭皆零[illegible]雨过风前叫出鸠。

“烟树凄凄古帝州，荒城故址至今留。春光尤自生南浦，夜月空余照北楼。青草易增离别恨，苍苔不尽古今愁。昔年台榭皆零落，雨过风前叫拙鸠。”这是记载于清道光年间《博兴县志》中的一首古诗。一首诗，道尽了蒲姑城遗址的历史沧桑，却不知，蒲姑城也曾风采无限。

说起齐国故都，人们首先想到的便是临淄，殊不知，蒲姑也曾经是齐国都城。据《辞海》解释：蒲姑亦作亳姑，古国名，在今山东博兴东南。在周成王即位时，蒲姑随同武庚和东方夷族反抗周朝，被周公所灭，变成了吕尚的封地。

这段记载说的便是蒲姑国的历史：蒲姑国是殷商时期的一个小国，到西周时被武王所灭。西周建立之后，功臣姜子牙被封为齐侯，设都营丘，建立齐国。蒲姑国故地也成了齐国的国土。后齐国发生内乱，姜子牙五世孙胡公为避开国内反对势力的冲击，迁都蒲姑。据史料记载，现博兴境内“蒲姑城遗址”即殷商时期蒲姑国国都所在地。

蒲姑城遗址现在位于博兴县寨卞村，在当地流传着许多传奇故事。像是善良的穷人在蒲姑城附近给财主耕种时会捡拾到金砖；贫穷的孝子返乡途经古城时，城旁的树上会掉下元宝等。除去这些，还有一个千年未解的谜——蒲姑城前春前草。据说，在每年立春之前，鲁北平原仍是冰封雪地的时候，古城遗址所在地的草便已经发出嫩芽。立春前后，总有游客慕名而来，一睹“春前草”的芳容。

蒲菇古城对于当地人的意义不单单因为那些流传着的神奇传说，更因这里积淀下的深厚文化底蕴。在蒲姑城遗址所在的寨卞村，村民崇尚书法。从清朝起，村子就养成了习字的风气，走出过很多位书法大家。研习书法的风气沿袭至今，在学校，学生们每天都有一刻钟的习字时间，在村里，也常举办书法大赛。

穿过时光的烟尘，拨开历史的迷雾，走过三千多年光阴的古国虽已成为传说，但后人对这片神圣之地的敬仰却经久不衰。

INFO

蒲姑城遗址

蒲姑城遗址位于博兴县寨卞村正北1000米处，南靠小清河，北依溢洪堤。1981年经县文物管理所实地考察，收集到鬲足、鬲沿器盖、网坠等遗物，属商周文化遗存。后根据文献记载与科学考察确定为商殷时期蒲姑国故城。1982年被博兴县人民政府列为“县级重点文物保护单位”。

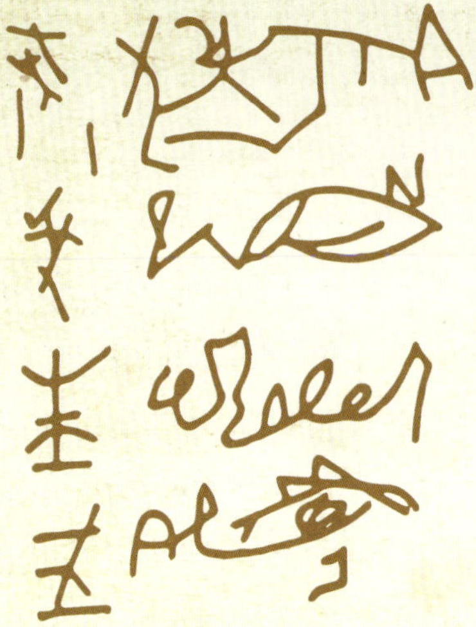

丁公陶文，年长甲骨文八百岁

✎ 王爽 📷 滨州市文化广电新闻出版局

陶器，在古代是一种重要的生活用品。古时的人们挖土烧陶、以陶烹食，安居乐业。

几十年，几百年，甚至几千年光景也不过转瞬即逝了。

你能想象吗？几千年前，那时的人们过着怎样的生活？

吹散时光的烟尘，岁月更迭，唯有器物留在时间长河里。一个看似不起眼的小物件，一片看似寻常的麦田，却把七八千年前的史前文明画卷缓缓打开，展现在我们面前。

一块陶盆残片，不明含义的五行十一字，却一举超越了甲骨文，把汉字的历史上推了八百年。在三十多年前的邹平市长山镇丁公村，这个不经意的发现，一举轰动了整个考古界。

之前也曾有村民在该地劳作时挖掘出陶片，但都不以为意。直到 1985 年春，丁公村一村民田间取土，发现大量灰土与陶片，这片粮田下深埋的史前遗迹发出的信号，才被世人接收到。从 1985 年秋到 1991 年秋，山东大学考古专业的师生们历经六年，四次挖掘，才使这方大型龙山文化遗址呈现在世人面前，震惊了整个考古界。

INFO

丁公遗址

丁公遗址位于邹平市长山镇丁公村东，在遗址中发现有大量龙山文化及岳石文化遗存。遗物有精美的蛋壳陶、白陶以及袋足鬲等各类陶器近千件，石、骨、蚌器1500余件；遗迹主要有房址、陶窑、窖穴和墓葬。丁公遗址是重要的史前遗址，被列为1991年全国十大考古新发现之首，1984年被政府公布为重点文物保护单位，2001年被国务院公布为第五批全国重点文物保护单位。丁公遗址对研究中国文明起源，具有重要的学术价值。

地 邹平市长山镇丁公村

本次考古可谓意义重大，除出土有大量龙山文化及岳石文化的遗物和遗迹外，于 1992 年发现的神秘陶文，更是揭开了汉字历史不为人知的一页。

这是一块泥质磨光灰陶大平底盆的底部残片，残片内面计有五行十一字，刻文流畅自然，排列规则，独立成字，且书写顺序符合我国古代汉字从右向左书写的习惯。经考古研究确认该陶片为龙山时代晚期遗物，此陶文距今约四千二百年，比小屯商代晚期甲骨文早了八百多年。

关于这块陶片上所刻文字的解读，在考古界有着不少争议，著名考古学家、古文字学专家王恩田认为丁公陶文是“东夷文化系统的字”；著名考古学家、北京大学教授严文明认为这是“一种比较成熟的早期文字”；著名史学家李学勤在其所著《中国文字与书法的孪生》一文中，对这十一个字进行了深入的解读，认为其所描写的是部落里一次进献物品的过程，意为“何父以驯养的狗上献，有邪佞之心，将他交付惩治”……

揭开陶文神秘的面纱，这座尘封了几十年之久的史前遗迹，用它独特的方式来诉说过去。穿过时间长河，千古文明之音遗响悠长、回旋激荡。

沾化古城，笑看云淡风轻

✎ 王爽

📷 苏子龙　中共沾化区委宣传部

一日与朋友闲谈，谈至出游计划，凤凰古城、丽江古城、平遥古城……我都摇头。理由无非是时下大热的这些古镇商业味都太浓了。面对我的百般挑剔，朋友决定带我去她的家乡沾化一游。

从前，我对沾化的印象只有冬枣，此次一行，收获却颇丰。

听当地的导游介绍说，早在公元688年的唐朝，沾化古城既已存在，只不过当时的名字，还叫做招安镇。之后几经隶属变更，到了北宋庆历二年（1042年），招安镇升镇为县。后来北宋被金所灭，金朝第六位皇帝金章宗为了宣扬其皇恩浩荡，才借用汉代龚遂“治郡有方、民沾圣化”之义，将招安更名为沾化，一直沿用至今。

在此后沾化古城存在的九百余年中，其也曾作为沾化县治所在地，享受无比的尊荣，也曾因为治所的频繁搬迁，由繁华趋于平淡。虽历经历史的风雨变迁，可沾化古城始终惯看秋月春风，波澜不惊，完好地存留了历史的风物。

INFO

沾化古城

沾化古城是国家3A级旅游景区，始建于唐代垂拱四年（688年），时名招安镇，后取汉代渤海郡太守龚遂“治郡有方、民沾圣化”之义，更名为沾化，沿用至今。当地有“一科四进士”“父子二鼎甲”等佳话。古城开发以诗书文化、原生态民俗文化为主题，使之成为鲁北和黄河三角洲地区独具魅力的旅游胜地和风情文化小镇。

地 沾化区古城镇西关村

13258907861

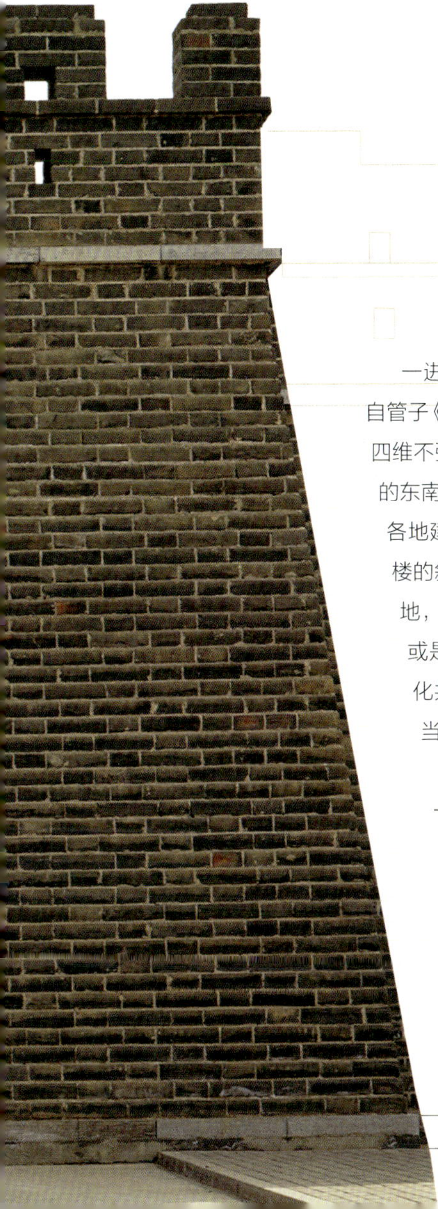

一进景区，一段古城墙与城门便映入眼帘，城门取自管子《管子·牧民》中的“礼、义、廉、耻，国之四维；四维不张，国乃灭亡”之意，名为“砺廉门”。在古城的东南角伫立着古城标志性建筑魁星楼。在我国古代，各地建造魁星楼以祈祷文风昌盛，文人辈出。在魁星楼的斜对面，就是文庙。在古时，文庙是培养人才之地，是沾化的最高学府。不知是因魁星楼庇佑，抑或是沾文庙灵气，在明洪武年间至清宣统元年，沾化共出进士 40 名，举人 127 名，贡生不计其数。当地有“一科四进士”“父子二鼎甲”等佳话。

朋友说，来沾化古城一定要去民众鼓书院听一曲戏。民众鼓书院门前有这样一副楹联：“说古论今道尽人间百味，激浊扬清传承民族文化。”在这里听一曲渤海大鼓，看一场渔鼓戏，在高亢亮丽的唱腔中，结束了我的沾化古城之旅。

这座始建于 600 年的古城，在千年的历史长河中，街道、物件、房舍……都沾染了岁月的痕迹，笑看云淡风轻，遗世独立。

最是古时地，犹恨归来早

周亚　无棣古城旅游景区

INFO

无棣古城

无棣古城的保护遵循“存古、复古、建古”三个原则，突出“古”“水”“绿”三个特点，古城分为历史文化旅游区、景观风貌休闲区、生态园林居住区和综合商贸服务区四个功能区。景区内含荷花湾水利风景区、吴式芬故居、冯安邦将军府、县衙、角楼、四城门及四城门桥、无棣印象、曲院风荷等十八处景观，风景优美，是鲁北古城典型的代表。

地 无棣县棣新一路与文萃街交叉口以西

0543-6331088

免费

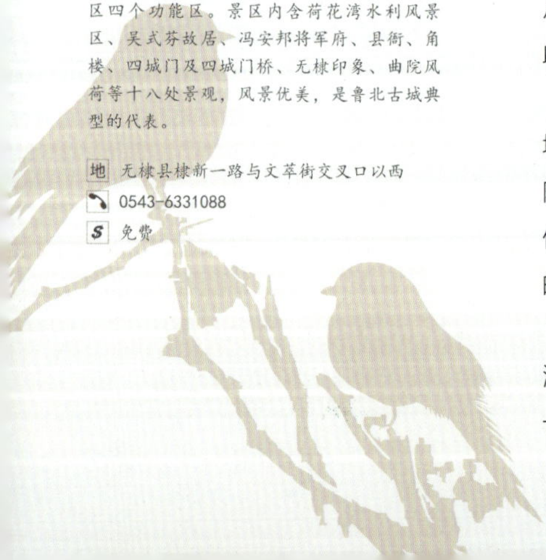

清代学者胡介祉曾在《繁台春色》中有云：“留得古时地，依旧春花月。”听闻无棣有座古城，迫不及待地约了友人一同前往，一览古时风貌。

去时正值隆冬时节，虽既不见春花也难赏秋月，但恰逢一场落雪，寒风凛冽中的无棣古城，此刻别有一番韵味。

天地岑寂，岁月无声。或许是天气严寒，古城里鲜有其他人的身影，偶有几只麻雀匆匆飞过，随即不见了踪迹。抬头是雪后澄澈的蓝，几抹云似谁懒懒挥笔涂在天空上面。脚下是宽广的茫茫的白，脚踩上去“咯吱”作响……

沿着雪径一路走，便来到了大觉寺和海丰塔。海丰塔始建于唐贞观十三年（639 年），距今已有一千三百多年的历史。海丰塔是座 13 级的佛塔，

高 42 米，雪中的海丰塔，愈发令人觉得它古朴典雅，蔚为壮观。千百年来，大觉寺与海丰塔，就伫立在无棣，默默见证着这里的风云变幻，见证着历史的盛衰更迭。

穿过芙蓉桥，来到古井亭。从亭中望向湖心，几支残荷仍立于冰封的江心，皑皑风雪没能淹没它，在它们破败的躯干上，我看到了一个个不可战胜的灵魂。*在寂静的当下，我们感受的是“千山鸟飞绝，万径人踪灭。孤舟蓑笠翁，独钓寒江雪”的孤冷，可夏天到来的时候，它们亦能回馈给我们“轻舸迎上客，悠悠湖上来。当轩对樽酒，四面芙蓉开”的意趣！*

其实无棣本身就是座有着三千年历史的古城。它古称海丰，形成于西周，发展于隋唐，繁荣于明清，海河交汇的独特地理位置，使其素有“冀鲁枢纽”“齐燕要塞”之称。无棣古城，便承载了其累积千年的文化底蕴，在从前旧城的基础上复建而成。城墙夯土筑成，四向建有城门，角置炮台和钟鼓楼，城内商肆、旅社齐全，城外有护城河、荷花湾等水系环绕相连，俨然再现了千百年来无棣“城在水中、人在景中、城水相依、碧水灵动”的景观风貌，历史的足迹在此清晰可辨，窥一城，而知鲁北全貌。

我想，等到了春天，我仍会回到此地。见过它雪后的静谧安然，其余的时候，它也一定令我们流连忘返。最是古时地，犹恨归来早。

武定府往事

孙光新
中共惠民县委宣传部

INFO

武定府衙景区

国家4A级旅游景区，总面积85亩，主要建筑包括中路的大门、仪门、德政堂、退思堂、昌华堂、怡然堂，展示当年知府判案和明代汉王及家眷的生活场景。东路建筑有财神庙、土地庙、同知署、寅宾馆，其中土地庙、同知署、寅宾馆现为渤海革命老区机关旧址。西路的建筑有通判厅、西花厅以及亭台水榭等汉王府的后花园，建筑风格为仿明清建筑。

地 惠民县十字街北首

0543-5226333　15726287726

50元

武定府衙，是来到惠民的游客一定会到访的景点，而它最吸引我的是在此发生的一段惊心动魄的往事。

翻阅武定府的资料，赫然如下：

千年古城，以宋代的古城墙为依托，肇建于北宋大中祥符八年（1015年），历经宋、金、元、明、清五代，均为州府治所。明洪武六年（1373年）改棣州为乐安州。宣德六年（1431年）永乐帝朱棣次子朱高煦叛乱被平定，宣宗改乐安州为武定州，州衙府迁原址。雍正十二年（1734年）升州为府，领九县一州。

1424年，明成祖北伐途中病逝，次年，刚继位的明仁宗病逝，朱瞻基继位，为明宣宗。这时候，在中国的辽阔版图上，“惠民”这个名字还没有出现。风暴马上就来了，给这个黄河下游的小城带来极具深远影响的事件，一度成为了那一年明王朝的焦点，被记录在明王朝的史书上，被明朝第五位皇帝写进了《东征记》。

在靖难之役中屡建战功、多次拯救朱棣于危难的汉王朱高煦，因恃功骄纵，被徙封到乐安州。野心勃勃的朱高煦来到此地，一直处心积虑，想象着像他父亲明成祖一样平北、南下，面南而尊，而乐安州、汉王府不过是他的一个无奈的暂居地，是他君临天下的跳板而已。

宣宗继位的第二年，汉王起兵造反，宣宗起初不忍动兵，却被一再挑衅，只好亲自出征。朱高煦兵败投降，被废为庶人，囚禁在西安门内，后与诸子相继被处死。其后宣宗将乐安州改为武定州，汉王府就此衰败。清雍正十二年（1734年），武定州升州为府，遂为武定府，下辖惠民、阳信、海丰、乐陵、蒲台、沾化、利津、青城、商河、滨州等。

如今，复原后的武定府署——汉王府依稀可见当年汉王生活的精致、辉煌，那是现代人不可想象的奢华尊贵。游走在汉王的后花园里，我一直在想，如果当初汉王没有失败，历史又会怎样改写。

物是人非，风烟已散。此地，北宋筑城，已逾千年。如今，府署修复已毕，凝重、典雅里泛着历史的光芒。正门两侧牌坊上书“棣州古郡”“渤海雄封”，武定之意亦在其中。

大堂楹联“为政不在言多须息息从克己省身而出，居官务持大体思事事皆民生国计所关”写尽从政为官之道。

历史已矣，未来久远。

賜履

魏氏庄园：也曾赫赫有名，也曾黯然没落

孙光新
刘庆魁 郭华 常德宝 中共惠民县委宣传部

100 多年前，魏家，这个方圆百里闻名的财主之家，以重金请京师设计师在广袤的鲁北平原腹地设计了一处森严、气派的私家城堡，这处城堡被周边百姓称为魏氏庄园。

这个庄园，与山东省烟台栖霞市的牟氏庄园、四川省成都大邑县的刘氏庄园齐名，并称为中国三大地主庄园。

魏氏庄园，由树德堂、徙义堂、福寿堂三院落构成，徙义堂、福寿堂是魏肇庆两个兄弟的宅院。周边人们常说的庄园实为树德堂。

传说为了树德堂的设计，魏肇庆遍访了鲁北及胶东一带的达官贵人邸宅，感到不尽如人意，遂去京城寻访。魏家和京城渊源颇深，魏肇庆生父及嗣父均曾在京城做官，其本人少时曾上太学，京城皇家建筑的气派和民居的雅致给他留下了深刻的印象。据说他通过从前的关系，找到了一位著名设计师，却不料对方说："请我设计容易，只怕你没钱建。"魏肇庆微微一笑说："我就是不缺钱。"传言其用了十万两白银，最终打造了这座集中国古代军事防御功能和京式四合院风格于一体的城垣式建筑。

魏家实力可见一斑。

走进庄园，我们会为它的精工细琢、处处讲究而惊叹。庄园最为人称道的当属它的城堡。由于当时黄河时常泛滥，庄园的主人把城堡台基抬高3米。城墙东南半突出墙体的圆形炮楼与高大的城墙使得城堡的形象更加突出。尤为人称道的是，庄园建筑群落将军事防御设施——高大的城墙、炮楼与中国北方典型的居民建筑巧妙地结合起来。

当年的城堡躲过了一场浩劫而幸存下来。在庄园里行走，抬起头来，只能看到窄小的天空。我仿佛能够想象得到，当年在城堡内生活过的人们是如何在这样的天空笼罩下的院子里年复一年地消磨时光。*抚过它的青砖，踩在青石板上，仰头看灰瓦、红窗、廊柱，所有过往的物什都经受了太多的光阴历练，传奇的、平凡的故事深藏其中，经受着历史的追问。*

只不过再繁华的过往，相对于无限的时空而言都是虚妄，在那个时代洪流的冲击下，魏家也未能避免没落的命运。魏氏一族渐渐人丁凋零，实在令人唏嘘。

庄园大门入口处挺立着一株大槐树，已经有167年的高龄了，取意"门口栽棵槐，不是升官就发财"。这棵老槐树见证了庄园的建设，目睹了世事的变迁和魏家的兴衰。

在庄园的南方不远处有丁氏故居，近旁是复原的古村落，而滔滔黄河，是它们的依凭，也是盛衰的见证者。

INFO

魏氏庄园

独具特色的城堡式民居建筑群，是中国古代北方民居建筑的杰出代表，与山东省烟台栖霞市的牟氏庄园、四川省成都大邑县的刘氏庄园齐名，并称为中国三大地主庄园。

庄园以其显著的军事建筑特点闻名远近，1996年被国务院公布为全国重点文物保护单位，2005年被评为国家3A级旅游景区。

地 惠民县魏集镇魏府路42号

0543-5680203

$ 60元；持学生证半价

那段激情燃烧的岁月

周澳
渤海革命老区纪念园

在革命战争年代，滨州所在的渤海区是山东最大的平原抗日根据地，和胶东区、鲁中南区并为解放战争后期山东三大战略区。七十多年来，滨州人民奋起御侮的故事，仍旧在民间口耳相传。

故事里有个叫“里希”的小姑娘。1921 年，她出生在上海的一个贫苦家庭。时年中国战火频发，硝烟遍布，迫于生活的压力，里希 12 岁就进上海电机织袜厂当童工。在繁重的劳动后，她仍坚持进女工夜校读书，学习文化知识，并在中共地下党员教师的启发下，积极参与开展抗日宣传活动。

里希歌声婉转优美，十分有艺术才华，人称“小百灵鸟”。当她用上海方言演唱《工人自叹》时，台下的工人哭声一片。她的歌声，极大地激发了女工们对剥削者的仇恨和抗日救亡的热情。

里希后来参加了新四军。“皖南事变”爆发后，新四军被迫自卫，英勇抗击国民党。里希在突围中与队伍失散，她机智地伪装成回娘家探亲拜年的新媳妇，巧突重围，安全地回到在苏北重建的新四军军部。

里希不遗余力地利用所学知识，投身到革命事业当中，并积极动员国人参与抗日救亡运动。1945 年，里希主动要求到渤海区党委开展新区工作。她常常独自一人在国民党武装特务活动猖獗的地方深入群众，发动人们

渤海革命老区烈士英名录碑廊瞻仰导示牌
第二碑面：沾化县 利津县 广饶县 博兴县 桓台县 邹平县
第三碑面：邹平县 高青县 垦利县 张店区 周村区 临淄区
第四碑面：临淄区 潍坊市 潍县 昌邑县 寿光县 益都县
第五碑面：益都县 德州市 陵县 平原县 齐河县 禹城县
第六碑面：禹城县 乐陵县 临邑县 商河县 济阳县
第七碑面：济阳县 宁津县 庆云县 历城县 章丘县 黄骅县 沧县
第八碑面：沧县 吴桥县 东光县 南皮县 孟村县 盐山县 海兴县 沧州市 青县
天津大港区 西郊区 南郊区 静海县

反奸诉苦、批斗敌伪爪牙、没收大汉奸财产，敌人为此对她恨之入骨。

民国三十五年（1946年）4月21日，一个看似平常却又极不平常的日子，深夜，一群国民党武装特务将里希绑架带走。里希与敌人拼死搏斗，惨遭杀害。第二天，巡视团的同志在铁路边发现了她血肉模糊的尸体。里希牺牲时，年仅25岁。

如今，里希的忠骨长眠在老渤海区的大地上，“秦台巍峙精神不死，徒骇长流惠泽永存”！“不屈不挠、艰苦奋斗、顾全大局、无私奉献”的老渤海精神，始终激励着我们，让我们铭记那段波澜壮阔的革命历程，那种不懈奋斗的革命精神，那次奋起御侮的民族觉醒，那颗保家卫国的赤子之心，那段激情燃烧的革命岁月！

INFO

渤海革命老区纪念园

渤海革命老区纪念园坐落在滨城区秦皇台乡西，秦皇台风景区以东，占地47.8亩。烈士纪念碑于2005年修建，它矗立在广场中央，显示着它的庄严和不朽，碑身上“革命烈士永垂不朽”八个鎏金大字是毛泽东书体，碑高12.8米，碑呈8面，碑身用石108块，底座用石132块，总共用大理石板240块。纪念堂是明清风格仿古建筑，上嵌黄色的琉璃瓦，下配灰色的砖墙，24根朱红色的木柱支起了滨州的历史。

第二章

您好先哲，来一场跨时空对话

悠然地行走在时光中，
虔诚地与贤者对话，
用心地与历史交流。
在这座城，与先哲对话的时间，
多久都不觉得漫长。

滨州

时无伏生，世无《尚书》

董雪宁 ｜ 刘朔

世人皆知《尚书》是儒家经典之一，相传为孔子亲自编选而成。说起《尚书》，就不得不让人捏一把冷汗，因为差一点，这本凝聚中国上古历史文献和部分追述古代事迹著作的汇编就无缘和后世人见面了。

当然了，最坏的事情并没有发生，而这一切，还得多亏一位滨州人伏生。具体怎么回事呢？且听我详细道来。

公元前213年左右，秦始皇制造了“焚书坑儒”事件，此事在《史记》等史书中均有记载。这件事是为什么呢？请看丞相李斯的一席话：

臣请史官非秦记皆烧之。非博士官所职，天下敢有藏诗、书、百家语者，悉诣守、尉杂烧之。有敢偶语诗书者弃市……若欲有学法令，以吏为师。

其实当时的情况是，一方面秦朝要加强封建专制统治，但一些儒生和游士引用儒家经典，借用古代圣贤的言论批评时政。另一方面据说秦始皇派出的方士卢生、侯生等求仙失败后，居然携款潜逃，始皇大怒。为加强集权，丞相李斯主张禁止百姓以古非今，以私学诽谤朝政。秦始皇采纳李斯的建议，下令焚烧秦记以外的列国史记，对不属于博士馆的私藏《诗》《书》等也限期交出烧毁，敢谈论《诗》《书》的处死，以古非今的灭族；禁止私学，想学法令的人要以官吏为师……

要焚的书中最主要的一本是《尚书》，因为《尚书》记载上古圣王的治世理念，而始皇以“功高三皇，德迈五帝”自居，所以要用自己的治世观念代替上古圣王的治世思想，欲厚今乃焚古。

伏生是孔门弟子，秦朝当时设博士七十员以备顾问，他也在此列。后始皇焚书，伏生冒着生命危险，暗将述录唐尧、虞舜、夏、商、周史典的《尚书》藏在墙壁之夹层内，使其免于焚烧之难。秦亡汉兴，儒学也得到复兴。熬过了漫长的等待期，伏生掘开墙壁发现当初所藏的资料尚有 29 篇保存完好，这便是中国古代史宝贵资料——《尚书》。

汉文帝知道后非常重视，召伏生入朝，这时的伏生已经九十有余了，实在不能出行。文帝派时任太常掌故之职的晁错到伏生家中，当面学习。年迈的伏生已经不能正常交流说话，只能先由伏生言于其女羲娥，再由羲娥转述给晁错，终于将《尚书》整理记录，补叙出所失篇章，使其得以完整流传。

“尘嚣其上竟焚书，劫后壁藏方有余。皓首传经众人叹，蓬门积德万年欤？当年博识胸中授，今日观花网内锄。但得流光霎时老，何妨一笑曳青裾。”

段子手东方朔，汉武帝最爱的相声祖师爷

✎刘辉晶

说说东方朔的故事。说故事之前先说说东方朔的故里争议，因为没有翔实的史料记载，直至今天对于东方朔的故里一直有两种说法，一种说法是东方朔生于滨州惠民县，而另一种说法则认为他出生于德州。滨州人热爱这位相声祖师爷，在滨州大街小巷随便问一下，东方朔是哪儿人？别管是华发老人，还是时尚小伙儿、姑娘都会斩钉截铁地告诉你："我们滨州的！"

得嘞，在滨州这个地界儿，我们就认定，东方朔是我们滨州人！

东方朔被称为相声祖师爷这件事儿，德云社的岳云鹏在参加《欢乐喜剧人》的时候曾经说过："我们相声江湖的祖师爷是东方朔！"东方朔字曼倩，在《西游记》中，东方朔是东华帝君的弟子，道号也是曼倩。可别小看这两个字，相声被人尊称为"曼倩艺术"！据传，20 世纪 30 年代末，著名相声艺人张杰尧到上海演出时，受到了上海观众们的热烈追捧，观众们送给他的锦旗上面就用金线绣着"曼倩遗风"。据说当年马三立先生拜周德山为师的时候，同样端端正正地拜

过东方朔，东方朔相声祖师爷的身份想来是不容置疑的了。

东方朔有绝世的智慧，且为人幽默风趣，将卓越的政治见解巧妙地隐藏在平时看似滑稽可笑的言语中，东方朔是汉武帝的“弄臣”，汉武帝十分欣赏东方朔的诙谐多能。

关于东方朔与汉武帝的野史、段子不计其数。相传汉武帝刚继位的时候，征召天下贤士为朝廷效力，东方朔在那时就开始发挥自己搞笑幽默的写段子才华，他写了3000片竹简上书，这3000片竹简由两个人合力扛起送到汉武帝面前，而这汉武帝更绝，花了足足两个月的时间才读完东方朔写给他的3000片竹简。这其实就是东方朔的一篇巨长无比的自荐信，信里将自己夸得“只应天上有，人间几回寻”，详细地讲述了自己从小到大的成长经历以及在读书、兵法、作战、兵器等方面的才能，更重要的是，他向汉武帝描述了自己貌若仙人的倾世容颜。后来不知汉武帝是被他的才能打动还是被他的容颜吸引，又或者是被他的段子手才华所折服，总之东方朔就这样成为汉武帝最爱的“滑稽家”。

有好事之人总结东方朔这一生的荒诞“段子”人生，称其滑稽甚至有些哗众取宠的嫌疑，前期在于取宠求官，后期则是为了维护自己的尊严。他希望用自己的滑稽言语让汉武帝重视他的言论，支持他的主张，采纳他的谏言。

东方朔是滨州的骄傲，是滨州人文化自信的一个重要支撑。滨州人身上的那份从容幽默而又智慧认真的干劲儿，与这汉廷中的东方朔可不就是如出一辙？这位段子手东方朔，是汉武帝的最爱，是相声江湖的祖师爷，同样也是滨州人心目中的处世楷模！

INFO

东方朔

东方朔（公元前154年—公元前93年）西汉时期著名文学家，字曼倩，平原厌次人（今惠民县何坊乡钦风街，也有说是德州陵县）。汉武帝即位，征四方士人。东方朔上书自荐，诏拜为郎。后任常侍郎、太中大夫等职。他性格诙谐，言词敏捷，滑稽多智，常在武帝前谈笑取乐，他曾言政治得失，陈农战强国之计，但当时的皇帝始终把他当俳优看待，不以重用。

东方朔一生著述甚丰，有《答客难》《非有先生论》等名篇。亦有后人假托其名作文，明人张溥汇为《东方太中集》。

董永啊，你可知七仙女为何要嫁给你

续断

汉朝时期，正值农忙时节的某一天，烈日当头炙烤着千乘（今滨州博兴县）大片的田地。田间一棵大树下，有一辆鹿车停歇于此，一位长者手持鸠杖坐在车上，不时指点着正在耕种的少年。

这便是文献里记载的“肆力田亩，鹿车载父自随”在我脑海中形成的画面，那侍奉老父的勤恳少年正是董永。

董永幼时丧母，与父亲相依为命。日子虽苦，可与父亲相伴，董永仍勤奋努力地生活。奈何苦难总是成双结对地到来，不久父亲也去世了，因家境贫寒，董永没有钱葬父，只得向当地富户裴翁借了一万钱，并在借据上写道：“若无力偿还借款，愿以身相抵，进裴家做奴仆。”行完守丧之礼后，董永无力还债，便欲前往裴家为奴。途中遇一貌美的女子，自称无家可归，董永心生怜惜，两人心意相投，遂结为夫妻。

裴翁见董永携一女子前来，便称家中不养闲人。董永称妻子会织布，裴翁便故意刁难，要求其一旬内能织三百匹绢，便可替董永抵债，若不能完成，董永留下为奴，董妻不能留下。面对恶意刁难，董妻仍欣然应下。期满之日到了，董妻如数交

出三百匹绢，使董永重获自由身。返家途中，董妻向其坦言：“我乃天上七仙女，感动于人间亲情，玉皇大帝派我下凡助你还债。”

后来故事的走向就有了诸多版本，有言七仙女帮助董永还清债务后便飞升离去，不知所踪了。又有言董永做工期满后，夫妻双双恩爱返家，奈何天庭百般阻拦，七仙女无奈，怀着悲愤的心情，重返天庭，自此仙人永隔。

关于历史上的董永其人，最早记载的是汉恒帝时的武梁祠石刻，内刻有“鹿车载父”的情节。后到三国曹植的《灵芝篇》，“天灵感至德，神女为秉机。”第一次出现了“董永遇仙”。到东晋《搜神记》，便有了本文开篇对董永故事的开放式讲述。董永因孝心感动仙女的故事也就流传下来，并渐渐有了神话的戏剧色彩。

历经岁月变迁，各朝各代都有新的版本流传，久而久之世人便再也道不清究竟何种版本才是董永与七仙女的真正结局。《天仙配》让董永与七仙女的美丽传说流传至今，而董永“举假以供养，佣作致甘肥”的孝行也在华夏大地上世代传颂。

INFO

蒋少游

蒋少游（？—501年），乐安博昌（今滨州博兴县）人，北朝魏著名的建筑家、书法家、画家和雕塑家。曾先后充任或兼任散骑侍郎、都水使者、前将军、将作大匠、太常少卿等官职。他死后，赠龙骧将军、青州刺史，谥曰质。撰有诗文集十余卷。

不会盖房子的服装设计师不是蒋少游

✎ 周亚　📷 刘朔

人心恋旧。但对于北魏孝文帝来说，为了加强中央集权和促进民族融合，着手改革鲜卑旧俗、全面推行汉化，是迫在眉睫的事情。

太和十八年（494年），孝文帝以“南伐”为名迁都洛阳，随即，大批的鲜卑人开始脱离居无定所的游牧生活，源源不断地涌入内地，安居定业。但这批移民中，极少有人会说汉语，也大都难事农桑，服装、辫发也和汉人有着极大区别，这大大阻碍了他们融入当地的进程，也不利于北魏政权的巩固，于是孝文帝开始了大刀阔斧地革俗汉化，首先就从下诏禁止士民穿胡服开始。

孝文帝下令，不论是鲜卑人还是北方其他少数民族人民，一律改穿汉人服装，朝廷百官改着汉族官吏朝服。他还以身作则，带头穿戴汉族服装，并请来自乐安博

昌（今滨州博兴县）的蒋少游，担纲“服装设计师”。

蒋少游“性机巧，颇能画刻，有文思”，他设计的褒衣博带样式，深受孝文帝喜欢。皇帝的穿衣审美自然影响到士民，蒋少游的设计一时大受欢迎。据史料载：梁士大夫，皆尚褒衣博带、大冠高履，出则车舆，入则扶侍，郊郭之内，无乘马者。褒衣博带的服装样式的流行程度可见一斑。

蒋少游不仅仅是朝廷御用的服装设计师，还是位杰出的建筑大师。

孝文帝迁都洛阳初，荒废了180年之久的魏晋故宫遗址，一片断壁残垣。蒋少游观摩建康城（今南京）的宫阙房屋后，学习其传统文化设计，回到洛阳后凭记忆绘出其布局、样式，又创新糅合南、北建筑风格，营建北魏新都。在他的设计、主持下，从前的废墟焕发了新的生命力，洛阳再度迎来了辉煌。

北魏洛阳城既改造了洛阳旧城，又新建了外城，其风格宏伟壮观，布局整齐，对后世的封建王朝都城建设制度产生了重要影响，在中国都城发展史上占有重要地位。后人赞誉蒋少游为“全能型建筑师”。

你以为蒋少游只是精通服装设计、建筑设计吗？他的艺术才能包括但不仅限于此。《魏书》曾记载蒋少游“有文思，吟咏之际，时有短篇。”唐张彦远《历代名画记》有云：“少游敏慧机巧，工画，善行、草书。”据说，蒋少游还曾修造船只，供孝文帝游湖泛舟之用，足见其博学多能。

蒋少游的诗文少有传世，不免有些遗憾。但我想，我们不妨到他的故乡走一走，看看那片文化灿烂的故土，是如何养育了一个又一个的艺术巨匠。

那位阳信人，和那最古老的山水画卷

——《遊春圖》

YOU CHUN TU

✎ 周亚

在北京故宫博物院里，收藏着一幅迄今为止存世最古老的山水画卷——《游春图》。

最是江南三月天，春江水暖花开时。隋朝的达官贵人们当然不肯辜负这大好春光，遂结伴出游。

暮春之初，风和日丽，乱花竞放迷人双眼，浅草刚刚没过马蹄，山谷换上青衣，云雾缭绕，

河岸悬阔，水波粼粼。游人三两成行，或策马于山间，或泛舟于水上，或漫步于湖边，怡然自得……如今我们得以在北京故宫博物院里穿越时光，步入这隋时画卷，一睹当年山水，得益于此次春游众人中的一人——渤海（今滨州阳信县）人展子虔。

童年时，展子虔就展现出了极高的绘画天赋，他手持树枝，三五下便在地上将花鸟鱼虫描绘得惟妙惟肖。隋文帝登基后，十分欣赏展子虔的才华和学识，将其纳入朝中，官封朝散大夫，后又晋升为帐内都督。

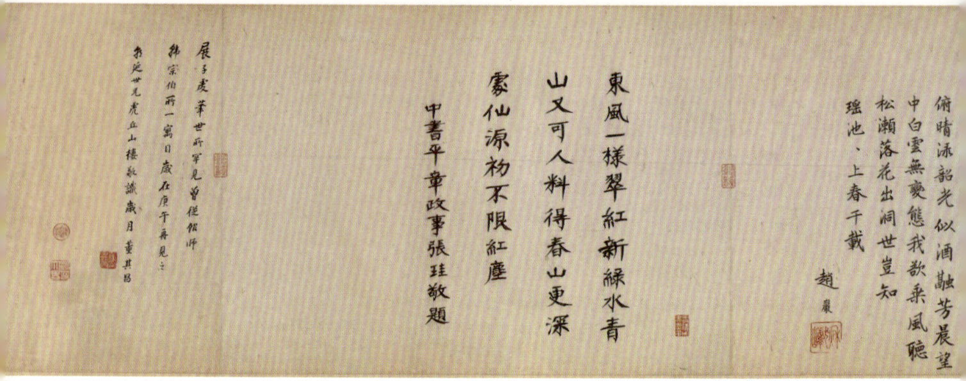

展子虔在公务闲暇之余潜心作画，不断研究新的作画技法。以这幅对中国乃至世界的绘画史、艺术史都极具意义的水墨至宝——《游春图》为例，其画幅不大，横仅 80.5 厘米，纵仅 43 厘米，但咫尺间却有千里之势，场面十分开阔。

《游春图》全卷以自然景色为主，人物点缀其间，一改魏晋时期自然景色只能作为人物画背景的“人大于山，水不容泛”的处理方式，运用十分有层次感的构图，使之有了“**远近山水，咫尺千里**”的画面效果。画中用青绿重着山水，用泥金描绘山脚，用赭石填染树干，用粉白点染人物，轻重有序，画风细腻，

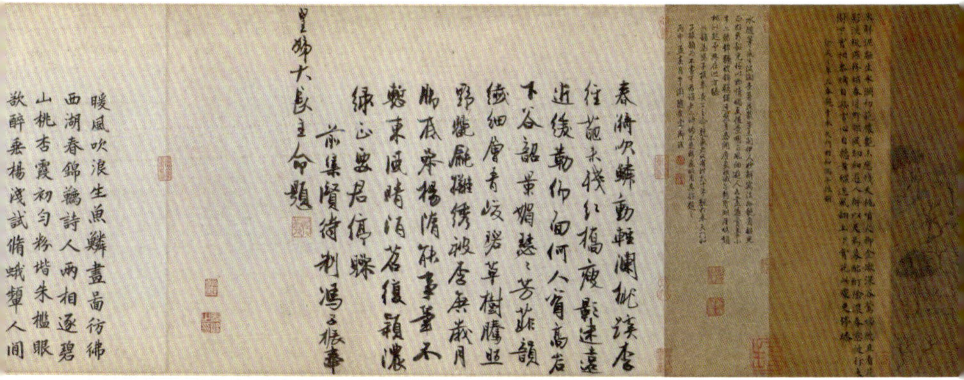

拙朴却生动有趣。自《游春图》后，中国水墨山水画开始有了完整的山水绘画风格，并为后世树立了典范。展子虔在中国绘画史上起着承上启下的作用，他的存在，产生了不同寻常的意义。

年轻时，展子虔辗转于祖国的大江南北，在扬州灵宝寺、光明寺，洛阳云华寺、龙兴寺，长安定水寺、海觉寺，浙江甘露寺等古刹，绘制了大量的佛教壁画，不遗余力地弘扬佛法。年老时，他却选择了辞去官职，回归故里渤海郡，在他出生、成长的故土终了此生。

此时此刻，我走在这阳信县，遥想当年这里曾被称为“渤海郡”，即那赫赫有名的展子虔的故里。关于一个人，一幅画，一段历史，又在我脑海中渐渐清晰起来。

INFO

展子虔

展子虔（？—604年），渤海（今滨州阳信县）人，历经北齐、北周至隋朝。入隋曾任朝散大夫、帐内都督。在洛阳、长安的寺院里绘制壁画，人物描法细致，以色晕染面部；画马入神，立马有走势，卧马侧腹有起跃之势。由于他擅画山水人物，《宣和画谱》称赞他“写江山远近之势尤工，故咫尺有千里趣”。展子虔所作的《游春图》卷，后经宋徽宗题字，是画家传世的唯一作品，也是迄今为止存世最古的山水画卷。

范仲淹

忆往昔，那位划粥断齑的少年

✎ 王爽 📷 苏子龙

北宋魏泰撰写的《东轩笔录》有记：“惟煮粟米二升，作粥一器，经宿遂凝，以刀画为四块，早晚取二块，断齑数十茎，酢汁半盂，入少盐，暖而啖之。”译成白话就是：将凝结的粥切块，将腌菜捣碎取汁，分次食用。讲述的是范仲淹青少年时期生活清苦仍刻苦读书的故事。

想必大家对这位为政清廉、体恤民情的士大夫范仲淹并不陌生，《岳阳楼记》中“先天下之忧而忧，后天下之乐而乐”的千古名句也早已在读书时熟记于脑海。范公一生刚正不阿、力主改革，却屡遭奸佞诬谤，仕途不顺，数度被贬。而范公流传于世的不单单是他的文学作品，更有不少佳话美谈，这其中，便有范公年少求学时“划粥断齑”的故事。

在滨州邹平市长山镇有一范公村，之所以名为范公村，是源于范仲淹与此地的一段不解之缘。

范仲淹生于宋太宗端拱二年（989 年），两岁时，父亲范墉病逝，他随母改嫁至山东淄州长山县河南村（今滨州邹平市长山镇范公村），随继父姓改名为朱说。虽家境清贫，范母却十分注重教育，范仲淹儿时便常听范母讲述“李密牛角挂书”“温舒抄书”“车胤囊萤映雪”等贤人志士刻苦攻读、学有所成的故事。

在继父友人的引荐下，他到邹平醴泉寺读书。醴泉寺雅致清幽，年少的范公埋头苦读废寝忘食，常常错过打饭时辰。为了不给寺院添乱，他便自备锅灶，起火做饭。范公深知家境清贫，便量米煮粥，待粥凝结成块，划一十字，早晚各两块，一日两餐，即为“划粥”。山中野菜遍地，范公将野菜切成末儿，加盐拌于粥中，当成佐食，即为“断齑”。在醴泉寺苦读三年，少年范仲淹一直过着“划粥断齑”的清苦生活；后外出游学，参加科举考试，中榜成为进士，也由此开始了近四十年的政治生涯。

范公一生仕途坎坷，数次被贬，却一生坚持正义，敢上书直言，这与他青少年时期在醴泉寺读书的经历密不可分。他的这种历练也体现在了文学作品中，正是青少年时期的艰苦经历，正是仕途上的无奈波折，他才能写尽世间沧桑，一篇《岳阳楼记》名动四方，传诵天下。

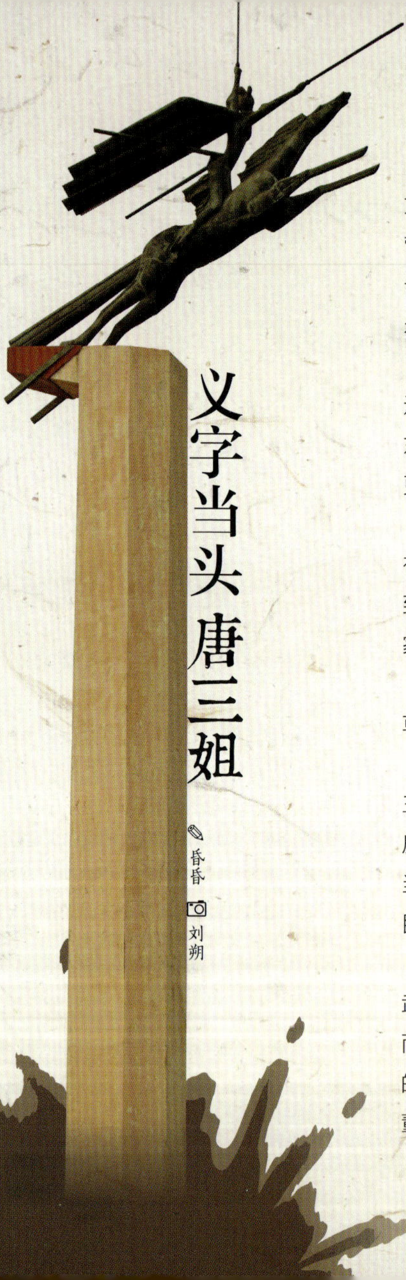

义字当头唐三姐

✎ 昏昏

📷 刘朔

明初，燕王朱棣发动靖难之役后在应天府（今南京）登基称帝，由于其兴起于北平地区，十分重视经营北方。他多次率兵亲征，巩固北部边防，并于永乐十四年（1416年）准备修建北京宫殿，也就是紫禁城；永乐十九年（1421年），从南京正式迁都北京。

尽管紫禁城的修建为后世留下了一笔珍贵的文化遗产，但在当时，大修宫殿需要大量的人力物力，山东首当其冲，官府大量征调民夫，同时农民徭役负担更加沉重。

当时，在山东蒲台县（今滨州滨城区蒲城乡），有一女子名唐赛儿，自幼从父习武。她天资聪颖，不到15岁已武艺超群，后嫁与林三为妻。虽然时逢乱世、家境贫苦，但夫妻恩爱和睦。

永乐年间，山东连续发生水旱灾害，百姓吃树皮、草根为生，但“徭役不休，征敛不息”。

此时唐赛儿的父亲被抓服劳役，唐赛儿和丈夫林三怒气冲冲地进官府讨粮，不仅未获得粮食，其丈夫反被杀害，父亲悲愤而死，不久，母亲也重病身亡。当时，有同样遭遇的不止唐赛儿一个，百姓怨声载道，民不聊生。

唐赛儿起义了。她凭借自己熟读的兵法和超强的武艺于永乐十八年（1420年）集合民众数千，揭竿而起，各地民众纷纷响应。她指挥众人击败前来围捕的明军，并斩杀了青州都指挥使高风，又派部将宾鸿、董彦杲等人攻破莒州及即墨，烧毁官衙仓库，进兵围攻安丘，震动朝野。明朝廷派出安远侯总兵柳升与都指挥刘忠统领大军前往征讨。柳升曾南平交趾，东破倭寇，北御蒙古，因功封侯。他狂妄自大，根本不把农民起义军放在眼里。唐赛儿抓住他骄傲轻敌这一弱点，假作投降，乘机夜袭官军，都指挥刘忠中箭毙命，明军大乱，唐赛儿突围而出。据传，明成祖朱棣亲率十万大军围剿起义军，同样被打得落花流水。

后来，由于叛徒的出卖，唐赛儿率领的起义军被镇压。唐赛儿率众突围逃走，隐居深山。朱棣大为震怒，以“纵贼为乱不言”的罪名，把山东布政使、按察使、按察副使、佥事和爆发起义的郡县官吏，统统处死。因有唐赛儿出家的传说，为追查唐赛儿下落，朱棣两次下令逮捕京师、山东境内的尼众和女道士，后又逮捕全国近万名尼众和女道士，押解京师审查，但终未发现其踪迹。

据传，后来为避免更多无辜的人受到牵连，唐赛儿只身进京城，换回被抓的一万多人，自己英勇就义……后人在滨州城南、滨州黄河大桥以北都修建了唐赛儿雕像，在原蒲台县西关旧址修建了唐赛儿祠，以纪念这位不畏强暴、以一当十的农民起义女领袖。

一代帝师杜受田，咸丰皇帝四哭恩师

✎ 王爽 📷 刘刚 刘玉彩

道光十六年（1836 年），皇家学堂内。

四阿哥奕詝一时贪玩未完成日课，师傅责令他跪地，大声训斥。学堂之外，道光皇帝恰巧路过，爱子心切，隔窗说道：“读书是君王，不读书也是君王，大清天下马上得。”师傅听闻皇帝声音，却并未出门接驾，理直气壮地回敬道：“读书知理是明君，不读书知理是昏君。一统江山马下治。”

听闻此，道光皇帝幡然醒悟，赶忙进屋，撩衣跪倒在孔圣人画像前，给四阿哥的师傅道歉。

这位以其刚正品性捍卫师道尊严之人，便是一代帝师——杜受田。

杜受田 17 岁中秀才，24 岁中举人，但为照顾父母，一直未踏入仕途。直至 37 岁时，他才参加癸科会试，任翰林院编修时，已年逾 40 岁。

道光十六年，杜受田被选为四阿哥奕詝的师傅。咸丰皇帝登基后，把师傅看作是重要辅相，凡国家大事必征询他的意见，从此，杜受田连连晋升。杜受田为官期间，鞠躬尽瘁，为国为民殚精竭虑，与咸丰皇帝感情颇深，民间也流传着咸丰四哭杜受田的故事。

一哭师徒之缘。道光十六年，杜受田作为四阿哥师傅刚满一月，因病请假，尚不满五周岁的咸丰泪流满面，众人皆叹四阿哥与杜受田有师徒之缘。

二哭离别之思。咸丰二年（1852年），杜受田奉旨办差离开京城，临行前辞别咸丰，师徒二人相顾无言，咸丰皇帝更是哽咽泪流。

三哭阴阳之隔。咸丰二年，杜受田奔赴江南赈灾，昼夜劳顿，触发旧疾，仙逝他乡。咸丰接到师傅临终遗折，当堂放声痛哭。

四哭失才之痛。杜受田灵柩运至北京。咸丰亲自带领两班大臣前往祭奠，扶棺痛哭，并追赠杜受田为太师大学士，谥号“文正”。

如今来到杜受田的故居，忠孝堂门口挂着这样一副楹联——勋贤之里代出公才，忠孝之门笃生贤相。该楹联为杜受田父亲杜堮所作，他将一家之兴归结于一方好水土，并告诫后人延续忠孝的好品格。秉承这样的家风，杜氏曾以“一门七进士，父子五翰林”而名扬天下。

我站在杜家私塾门前，细读“不染似莲花，经世何妨出世；真空如水月，禅机即是文机”的对联。仿佛看到一位耿直敦厚的老人，穿越了岁月，来到了我的面前，告诉我说：尽职为民，一生无悔。

INFO

杜受田故居

杜受田故居始建于明朝万历年间，现为国家4A级旅游景区，省级重点文物保护单位。杜受田故居是滨州杜氏家族的旧居，杜氏家族在明清五百多年间长盛不衰，打破了“富不过三代”的常俗，国内罕见。

地 滨城区滨北街道办事处南街

0543-3561688

50元

真空如水月禪機即是文獻
不染似蓮花經

梁漱溟，魂牵梦萦在滨州

使君子

著名的思想家、教育家、国学大师，被称为“中国最后一位大儒”的梁漱溟，和滨州有一段不解之缘。他将滨州视作梦想开始的地方，甚至在临终时嘱咐后人，将他的部分骨灰埋在滨州邹平的小黄山。

梁漱溟先生的一生颇为传奇。他经历了晚清、中华民国、新中国成立、改革开放……几乎贯穿了整个中国的近代史。

梁漱溟先生出身于“世代诗礼仁宦”家庭，1911 年，他参加辛亥革命，加入同盟会京津支部。1917 年，他应蔡元培之聘，破格以中学学历任教北京大学。1924 年，他从北大辞职，开始投身农村事业，进行社会改造活动。1931 年，在当时的山东省政府主席韩复榘的大力支持下，梁漱溟先生赴邹平筹办山东乡村建设研究院，进行“乡村建设”，为旧中国探寻一条新的发展道路——民族自救之路。

鸦片战争后，中国沦为半殖民地半封建社会。社会动荡不安，民不聊生，许多仁人志士竭尽所能，开展了社会救亡运动，却相继失败。梁漱溟先生也在积极地思考着中国的前途和命运。他认为，中国若要自强应依照国情，从实际出发，进行社会改造，建立“中国特色”的社会秩序和文化。

邹平满足梁漱溟先生从中国国情出发，进行“乡村建设”的实验要求：邹平西距省政府所在地济南一百六十多里，有一段距离，可以避免受其太大的干扰；邹平离周村火车站只有 30 里，交通较为方便；邹平当时面积六百多平方公里，人口只有 16 万，是典型的农业地区；邹平当时贫富悬殊不大，大部分是自耕农，没有大地主。

一切准备停当之后，梁漱溟和他的同事们挂牌成立了“山东乡村建设研究院”，正式开始他们的实验工作，在邹平安营扎寨，进行政治、经济、教育方面的全面改革，推动乡村建设。

覆巢之下，安有完卵？很快，抗日战争全面爆发，乡村建设实验于 1937 年被迫终止。然而中华民族的奋起御侮不会终止，中华儿女的拳拳爱国之情不会终止。梁漱溟先生积极发起组织统一建国同志会、中国民主政团同盟，成为中国民主同盟创建人之一。

梁漱溟先生曾说：“我愿终身为华夏民族社会尽力，并愿使自己成为社会所永久信赖的一个人。”他说：“我今不为，而望谁为之乎？嗟乎！吾曹不出如苍生何？”字字铿锵，声声震耳。

党的“十九大”之后，乡村振兴战略正在全面实施。此刻我们更该铭记，在滨州大地上，有一位先生，曾经为“乡村建设”奉献了无悔青春。邹平，是他梦想开始的地方。

INFO

梁漱溟纪念馆

梁漱溟纪念馆，始建于1993年梁先生诞辰100周年之际，由当时的山东邹平县政协、县一中、梁漱溟在京家属联合创办，全国人大常委会副委员长费孝通题写馆名。2013年，为纪念梁先生诞辰120周年，邹平一中又对纪念馆进行了扩建。该馆为全国唯一的梁漱溟纪念馆。新馆位于邹平一中务本楼七楼，建筑面积600平米，建有“生平馆”“乡建馆”“书画馆”三个展厅，共展出展板200多块、图片一千多幅，梁先生生前遗物、各种版本的图书、手稿、书画等九百多件。

地　邹平市鹤伴二路邹平一中内

忆江南，忆江南，亦是北国江南

第三章

滨州，
抬眼是鹤伴山的风光，
低眸是贝壳岛的明晃。
黄河穿城而过，不停流淌；
郁金香肆意绽放，留下芬芳。
那时风动，此刻心痒……

滨州

山一程，水一程，踏歌而来，乘兴而归

✎ 周亚
📷 侯贺良 石磊

旅途上结识的新朋友，邀我周末一起去游长白山。我左右为难：长白山路途遥远，时间怕是难以调配吧？朋友一番解释，便打消了我的顾虑。

说起长白山，人们首先会联想到东北吉林长白山，鲜少有人知道，在山东也有座长白山。山东长白山亦巍峨高耸，直接霄汉，常年白云缭绕，故得此名。长白山系包括三大山脉：白云山、摩诃山和会仙山，而在白云山系中，又有座鹤伴山。

元代诗人张公直曾有诗名为《长白晴岚》，诗曰：“红崖翠岩画屏幽，隐隐岚光豁醉眸。满涧碧流寒漱玉，一川烟树冷涵秋。山花无主开连野，林鸟多情语不休。惆怅诗成归路晚，海蟾飞影过西楼。”

诗中美景所在，就是鹤伴山。于是我们轻装上阵，踏上了去往鹤伴山的旅程。

INFO

鹤伴山

鹤伴山山势陡峭，谷壑幽深。河谷、瀑布、跌水众多，洞谷景观各具特色。以其植被条件好，森林覆盖率近90%，1992年被确定为国家森林公园。整个景区空气清新，生态环境良好，地形复杂多变，沟谷曲折狭长，山、石、瀑、泉、云雾等景观众多，被誉为“鲁中生态明珠”。

地 邹平市西董镇鹤伴山风景区

0543-4557038

30元

鹤伴山山势险峻，沟谷曲折，山路九曲回环，山间溪流潺潺，飞瀑随处飘下，鸟兽虫鱼、奇花异草遍地可见，俨然一处别致秀丽的世外桃源。

何首乌、穿山龙、丹参、柴胡、远志……一路上，极热爱传统中医药文化的朋友不停地向我介绍着路边出现的植物。原来鹤伴山竟还是一个天然的中药库。

不多时就到了怀烈亭。怀烈亭是为了缅怀抗日战争时期英勇牺牲的烈士们所建。在那个战火纷飞的年代，英雄的齐鲁儿女以鹤伴山为根据地，威武不屈，奋起御侮，与日本侵略者展开生死对决。是他们的汗水和鲜血，成就了这座巍巍青山的红色传奇。

鹤伴山中，还静卧一座长生院。走过林中的鸟雀鸣啭，走过溪中的流水潺潺，千回百转，就来到了白墙黛瓦的长生院。由欧阳中石老先生题写的“鹤伴山长生苑”六个大字镌刻在院门上方，院门两侧，镶有一副对联，上联是“峰报三方，鹤寿西迎”，下联是“风送一面，紫气东来”，仙气盎然。长生院沿用了明清时期的建筑风格，色彩明快，造型雅致。

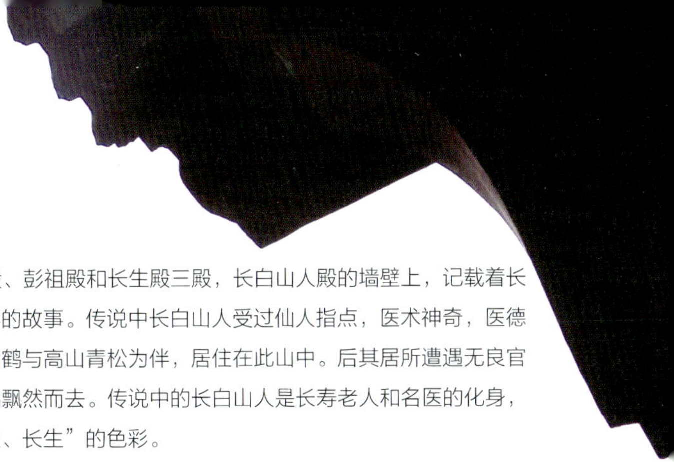

长生院中有长白山人殿、彭祖殿和长生殿三殿，长白山人殿的墙壁上，记载着长白山人悬壶济世、仙鹤相伴的故事。传说中长白山人受过仙人指点，医术神奇，医德高尚，深受百姓爱戴，和仙鹤与高山青松为伴，居住在此山中。后其居所遭遇无良官府放火，长白山人淡定驾鹤飘然而去。传说中的长白山人是长寿老人和名医的化身，因此，长生院也有了“养生、长生”的色彩。

听友人讲完故事，我竟隐隐觉得，道香古韵中，有仙鹤来仪。

蒲湖的前世与今生

✎ 夏木七
📷 时志军

INFO

蒲湖公园

蒲湖公园，全园共分为12大景区，园区规划面积543公顷，现已开发180公顷。景区风光旖旎，历史文化底蕴丰厚，是百多年来古河道和黄河下游河道变迁的见证。

曾与友人探讨过何为岁月静好。

她说："猫狗膝下绕，从情长儿女至白发翁媪。"然后转过头来反问我。

彼时，我们正在蒲湖边坐着，微风从湖对面吹来，扰起一片微波荡漾，粼粼柔光。岸边有人在无声垂钓；不远处小情侣在打情骂俏；间或跑过几个孩童，不解风情地嬉闹；还有那斑斑白发舞动着身躯，始终不愿服老。

我答："这，大概就是岁月静好了。"

我和友人同时笑了，每次来蒲湖边小坐，总是能得到身心的放松，说来也奇怪，大大小小的湖也见过不少，玄武湖、西湖各有特色，却从来没有一片湖像蒲湖这般，使我一见如故。

说起来，蒲湖也是位有故事的主儿。它的所在地曾是蒲台县城，1956 年 3 月国务院取消了蒲台县建制，1965 年将蒲城内居民陆续迁出安置，蒲城变成了一座空城。1976 年 8 月 29 日夜间，黄河洪水冲垮护城坝，这座有七百八十多年历史的古城从此没了踪影。

又过了六年，政府将这里改建为水库，以缓解用水紧缺状况，取名蒲城水库。由于水面浩大，后改称为蒲湖。*蒲湖坐落在黄河下游滨州河段左岸的北镇新堤与老堤之间，是黄河三角洲地区著名的旅游胜地，也是滨州黄河国家水利风景区的重要组成部分。*除风光秀美之外，它还有着极其丰厚的历史文化底蕴，是百年来古河道和黄河下游河道变迁的见证。

滔滔黄河滚滚来，滨州蒲湖放异彩。

我和友人不禁感慨，当我们和无数游人一样沉迷在蒲湖的湖光潋滟中闲谈岁月时，殊不知，蒲湖本身的故事才真正是岁月。作为湖，蒲湖只有几十年的历史，而作为城，它却有近千年的历史。

不得不说，蒲湖真的太适合闲坐静思，且老少皆宜。不妨抽个时间，将脚步放慢，来蒲湖走上一走，沿着滨州市渤海七路南行，越过黄河旧堤，眼前就会呈现出万顷碧波，运气好的话还能看到蒲湖的明星鸟——凤头䴙䴘。每年 5 月前后是凤头䴙䴘繁殖的季节，雄鸟和雌鸟从相识到交配会跳一段非常有趣的求偶舞蹈。低头展翅，嘴含水草，相互亲昵，简直就是一场优美的芭蕾。

日后若再有人问你“何为岁月静好”，你便可以告诉他，如斯啊。

沉醉在五千年历史的贝壳王国里

夏木七 牛国栋 张磊 中共滨州市委宣传部

INFO

无棣贝壳堤岛

无棣贝壳堤岛与湿地系统国家级自然保护区，是世界上贝壳堤最完整、唯一的新老贝壳堤并存的以保护贝壳堤岛与湿地生态系统和珍稀濒危鸟类为主体的保护区。它是东北亚内陆和环西太平洋鸟类迁徙的中转站和鸟类越冬、栖息、繁衍的乐园，是研究黄河变迁、海岸线变化、贝壳堤岛的形成等环境演变以及湿地类型的重要基地。在我国海洋地质、生物多样性和湿地类型研究工作中占有极其重要的地位。

地 无棣县城北60公里处

17362021567

30元

记得小时候，流行过一种贝壳风铃，将各种各样好看的贝壳用棉线穿起来，挂在窗台，风吹来时，叮叮作响，好像听到了海的声音。

我对贝壳是有偏爱的，天生喜欢这种生来美好的东西。

初识贝壳堤，是一次机缘巧合。无意中随友人回乡探亲，才有幸见了滨州这片令人叹为观止的贝壳王国。

贝壳堤位于滨州无棣县，渤海湾西南岸，距离滨州市区一百余公里。我用一片来形容它或许有些不合适，贝壳堤总面积 43541.54 公顷，是世界三大古贝壳堤之一，不仅纯度最高、规模最大，也是保存最完整且唯一新老堤并存的贝壳堤岛。无棣贝壳堤贝壳总储量达 3.6 亿吨，且随着海水潮汐作用每年增加 10 万吨以上，沿海岸分布的贝壳堤岛，至今仍在继续生长发育。

提起它的历史，那更是一部瑰丽的传说，要比我们的记忆长得多。

无棣贝壳堤是新石器时代黄河变迁的产物，距今已有五千多年的历史，时间赋予了它非凡的价值。

贝壳堤岛与其湿地生态系统是研究黄河变迁、海岸线变化、贝壳堤岛形成等环境演变以及湿地类型的重要基地，同时也是东北亚内陆和环西太平洋鸟类迁徙的中转站和越冬、栖息、繁衍的安生之所，为生物多样性的研究提供了极大的便捷。还在继续生长发育的贝壳堤岛是山东省、中国乃至全世界珍贵的海洋自然遗产。

和友人漫步在贝壳堤，远处有海浪翻滚，凉风习习；近处是孩童拾贝逐浪，欢笑阵阵。海鸟悠闲地掠过，贝壳不断地被冲上岸坡，夕阳渐渐落下，云霓慢慢地被染成了粉色……真想一直就这么走下去。

如果你和我一样，也对贝壳有着别样的情愫，也听过贝壳风铃的清脆声，不妨到贝壳堤走一走，这里有阳光下闪闪的遍地贝壳、丰富的动植物世界，它们都是大自然最直接的产物，即便是在嘈杂的红尘世界，依旧超凡脱俗。

相信我，这里有你平日里看不到的光，能够晃花眼，晃醒梦。

大禹治九水，最东一条徒骇河

✎ 王爽 📷 侯贺良 赵利军

相传，上古时代，大禹治服了黄河下游的洪水，治水大业取得阶段性胜利。首战告捷，大禹却无心庆祝，率众徒日夜兼程奔赴下一个治水点——漯河。

史载“徒骇者，禹疏九河，用工极众，故人徒惊骇也。”说的是什么呢？且听我慢慢道来。

话说，大禹夜宿漯河，夜半时分，乌云密布，雷电交加。山洪暴发，数米高的水浪咆哮着滚来，营帐内灌满洪水，一众士兵慌乱无神。正当此时，轰隆一声巨响，天崩地裂，水卷山石而来，不少士兵罹难。于是，当地百姓便将这条漯河改名为“徒骇河”，意为：大禹的门徒们在这里受到了惊骇。从那时起，徒骇河的名字一直被叫到今天。

许多故事流传至今总是带有传奇色彩，大禹治水的故事唯一可考的便是《尔雅·释水》中记载的，九河是徒骇、太史、马颊、覆鬴、胡苏、简、絜、钩盘、鬲津。而徒骇河的前身究竟是不是漯河，则众说纷纭。

不可否认的是，河流的存在往往都孕育着古老的文明，留下了灿烂的文化遗产。千百年来，人类沿河而居、赖河而生，与河流结下了深厚的情感，

也孕育了各具特色的大河文明。徒骇河是古黄河的一支，流经山东、河南、河北三省。沿河曾出土远古时代的麋鹿化石、商周时期的兰家遗址、高家遗址等，沿河有惠民的孙子兵法城、滨城的秦皇台、无棣的海丰塔和碣石山等名胜。

而此时，我站在桥上，放眼望去，徒骇河宽阔清澈，芦苇荡随风飘动，河堤杨柳低垂，鸟雀树冠筑巢。耳机里循环播放着孙楠的《江河恋》：“走过千年烽烟不见一抹沧桑，见证盘古开天日月如花绽放。多少次轮回难舍大地情深，几万里坎坷积蓄向前力量。”

不要问我为何漂泊异乡，不要问我走过多少地方，沿着河走就是故乡。

不要问我为何漂泊异乡，
不要问我走过多少地方，
沿着河走就是故乡。

红尘旧梦，晃荡麻大湖边

✎ 周亚
📷 苏子龙

在博兴城南，与淄博交界处，有一湖名为麻大湖。传说有一年，天遭大旱，民不聊生，逃难的人们来到此地，被一仙姑所救，从此在湖边定居。因湖边盛产苘麻，人们便称仙人为麻姑。为感谢仙人救命之恩，人们在湖中修建了麻姑庙，这湖也因此名为麻大湖。

据史料载，苏轼曾泛舟麻大湖，并赋诗一首《横湖绝句》，诗曰：“贪看翠盖拥红妆，不觉湖边一夜霜。卷却天机云锦缎，从教匹练写秋光。”令麻大湖声名鹊起，无数文人骚客竞相来此，瞻仰一代文豪吟咏过的迷人风光。

宋元丰八年（1085 年），苏轼至登州（今蓬莱）任知州，仅五天后，便以礼部郎中之职被召还朝。据说因当时其弟苏辙在济南任职，苏轼便在赴京任职途中，转道博兴，去和兄弟相会。

贪看翠……

不觉湖边一夜霜，

卷却天机云锦段，

从教匹练写秋光。

苏轼至博兴麻大湖时，正值秋季，麻大湖渐渐褪去浮华，一片天真烂漫之色。碧水微微荡漾，荷叶轻轻飘摇，游鱼自在地嬉戏，飞鸟翱翔于天水之间……泛舟湖上，蒲草夹道，纵酒高歌，风光无限，宛如一幅山水画卷，好一个北国江南！

苏轼悄悄地来了，留下一首引人入胜的《横湖绝句》便走了。邑人感念苏轼，便取“卷却天机云锦缎，从教匹练写秋光”一句中“锦秋”二字为湖名，因此当地人又称麻大湖为锦秋湖。

此时草黄。和友人跟随诗人的足迹来到麻大湖时，也恰逢秋浓。错过了“千里冰封，万里雪飘”的冬的洁白纯真，错过了“淑气催黄鸟，晴光转绿蘋”的春的生机盎然，错过了“接天莲叶无穷碧，映日荷花别样红”的夏的明艳动人，和麻大湖相逢在秋季。诗人诚不欺我，秋天的麻大湖，果然别有一番趣味。

麻大湖沿湖有25个村子，村村相连，掩映其间。其岸势犬牙交错，湖边芦苇丛生，湖中港汊纵横，渔舟来往穿梭，不是江南，胜似江南。

听渔民讲，这麻大湖堪称博兴的母亲湖。麻大湖盛产的白莲藕，白嫩多汁，甜脆无渣；麻大湖特有的金丝鸭蛋，极富营养，入口奇香；麻大湖还产各类鱼蟹，风味独特，久享盛名；就连麻大湖岸边的苇蒲柳都是不可多得的上好的工艺品原料，湖畔妇女们闲暇时用其编织的工艺品，经久耐用，品种齐全，既实用又美观，远销世界四十多个国家和地区……麻大湖，就这么养育了其周边25个村落、数以万计的村民。

秋风起的时候，就这么无目的地晃荡在麻大湖边，沉醉在苏轼的诗意里，千百年来的红尘旧梦，就是此刻，就在眼前。

INFO

麻大湖国家湿地公园

麻大湖国家湿地公园坐落在博兴县城以南，全湖东西长7公里，南北宽3.5公里，总面积二十余平方公里，湖面两万亩。麻大湖鱼类资源丰富，水生植物繁多，素有“北国江南，鱼米之乡”之美称。

地 博兴县235乡道附近

滨州108园，大的大，小的小，有得玩

✎ 夏木七　📷 中共滨州市委宣传部

十多年前，去过一次滨州，那时年龄尚小没有留下多深刻的印象；如今再去滨州，倒是感觉耳目一新，大大小小的园子多了不少，整个滨州相较之前显得更加年轻、鲜活。

后来才从朋友那里得知，原来早在2010年，滨州市规划局就在城区中均匀地布设了108个景点公园，这108园大的大，小的小，已经成了滨州独特的性格符号。它们形成了一道道靓丽的绿色风景线，将滨州的地域特色和文化底蕴展现得淋漓尽致，给许多像我一样的游人过客留下了不少美好记忆，也使人再去往滨州时，更加有得玩！

在滨州小住的日子，闲逛了几处园子，其中秦皇河公园好像备受游人青睐，也最令我难以忘怀。秦皇河湿地公园位于滨州经济技术开发区的东部，景区植被覆盖率达到95%以上。秦皇河岸线曲折，水质洁净，水中水草茂密，随波飘摇，三两野鱼嬉闹成趣，水鸟在岸上自由栖息，蓝天白云交相辉映，周边农舍飘起袅袅炊烟……往那里一站，入目便是一派生机盎然的迷人景象。去时正值4月，郁金香竞相绽放，徜徉花海里，沉醉不知归路。

说起滨州的园，新立河公园当然也不得不提。我最喜欢公园里那道蜿蜒曲折、曲径通幽的走廊。春天满目嫩翠，夏日姹

紫嫣红，一派生机。秋冬到了，路上铺着厚厚的一层落叶，不会令人觉得孤冷。时常看到有蹒跚学步的孩童走在上面，笑容是初生的童稚可爱。也有白发的老人相伴相携，面上带着历尽风霜后的淡然，和对当下生活的无比珍重……

如今，36 桥 72 湖 108 园已经成为靓丽滨州的代名词，老城区的蒲园、颐园；西区的齐鲁公园、剪纸广场；东城区的创业公园、丰收广场、秦皇河公园；开发区的市民广场、南海绿化广场、中海大厦广场；被称为“人造氧吧”的新滨公园、传承历史文化的孙武公园等等，大大小小的景点园区均匀分布在滨州，使得这座城市更有魅力。停留的时间有限，很难将所有美景一一领略，大多园子，我都只闻其名，而未能见其庐山真面目。但我知道，滨州还有很多很多的美好，需要慢下来，好好感受。

等日后有了空闲，一定要再来滨州多待些时日，将这大大小小的 108 园转个遍，也将更多的美好记忆留存心中。

印在钟声里的醴泉往事

✎ 浅浅 📷 苏子龙

唐中宗年间，熙春三月，风正清，日正暖，春正浓，寺庙的钟声阵阵回荡，墙角的那几株腊梅开得肆无忌惮。数不清这已是寺僧仁万第几次查看醴泉寺中的一切了，但心境却是始终如一的虔诚与宁静。

这是一座建于南北朝时期的古老寺庙，光阴使这间寺院破败不堪。仁万不忍名寺就此没落，遂禀唐中宗重建寺院。也许是上苍感动，寺院落成

醴

之日，恰东山有一泉涌出，中宗赐名“醴泉”，这间古寺从此便有了新的名字“醴泉寺”。

醴泉寺坐落于连绵起伏的青山环抱之中，厚实的木门和白色的院墙，隔离了世间纷扰。山中景色越是撩人，寺里面反倒越是清静，这样的环境最适合研学参悟。

也许连仁万也没有想到，三百年后，借着寺内灵秀的环境，一位小小少年在此刻苦研学，终成长为名垂千古的一代名相。他工于诗词散文，文辞秀美，气度豁达，曾写下“先天下之忧而忧，后天下之乐而乐”的千古佳句。他便是范仲淹。

范仲淹在寺中苦读三年，从春至夏，经秋历冬。凌晨舞一通剑，日间攻读诗书，直至夜半和衣而眠。别人看花赏月，他只在六经中寻乐。偶然起兴，也吟诗抒怀，慨然以天下为己任。

时光荏苒，弹指一挥间千年已过，醴泉寺在保持原有风格的基础上进行了修缮。进入院落内，正面是天王殿庄严坐落，中轴线左面是钟楼和地藏殿，右面是鼓楼和观音殿，这是明代传统“伽蓝七堂”式汉传寺庙布局。

大雄宝殿中的释迦牟尼石像，由一块巨大的石头雕刻而成，仅头部就有一米多长。大雄宝殿楹联为“宝殿此重修，梵宇宏开，诸方礼赞；金容今再现，佛光普照，万福来朝”，表达了人们对千年古寺得以盛世重建的喜悦。

世人为了纪念范文正公，在醴泉寺南侧新建范公祠，与大雄宝殿背向而立。它坐南朝北，是一座双层楼阁，其高度比大雄宝殿高出两米，并有属于自己的朝南开的门殿，故有“天下寺院皆崇佛，唯有醴泉独尊儒”之说，体现了邹平人对“先忧后乐”民本思想的继承与尊崇。

沿着石阶一级级慢慢走上去，像踩着一段段古老而又久远、亲切而又恍惚的往事。不知范文正公在此修学苦读，是否也将这石阶一一走遍？

INFO

醴泉寺

醴泉寺区位于邹平市西南长白山中，始建于南北朝时期，距今约一千五百年的历史，现为国家3A级旅游景区。唐中宗时，寺僧仁万重建寺院时东山有一泉涌出，中宗赐名“醴泉”，醴泉寺由此得名。醴泉寺建于群山环抱之中，环境幽美，山峪纵深，古木参天，风光甚优。

地 邹平市青阳镇醴泉村南

☎ 18265741567

$ 15元

从前有座山，山下有口神奇古井

✎ 杜秀峰 📷 侯贺良 苏子龙

但凡古迹名胜皆有文人诗作的渲染与烘托，诸多自然景观则更因生花妙笔而显名于世。碣石山也不例外。

“平地突然出一峰，登临若立碧芙蓉。盘河水绕疑奔马，古洞云深见蛰龙。影落沧溟高气象，路经葭苇少行踪。老僧已许岩头往，为我先栽万个松。”这是明嘉靖年间海丰（今无棣）籍吏部尚书杨巍描写碣石风光的诗作《登马谷山》，字里行间倾注了诗人深爱桑梓的情感。

碣石山又名马谷山、大山，位于山东北部渤海湾西南无棣境内，海拔 63.4 米，方圆 0.39 平方公里，形成于 73 万年前新生代第四纪更新世，属岩浆中心式喷发形成的圆锥状火山穹丘，是

INFO

碣石山

碣石山，国家3A级旅游景区，位于无棣县城北30公里处的大山村北，海拔63.4米，方圆0.39平方公里，系73万年前火山爆发喷出而形成的锥形复合火山堆，是中国最年轻的火山，也是华北平原地区唯一露头的火山，被誉为“京南第一山”。1998年被山东省政府列为省级地质遗迹自然保护区。

地 无棣县碣石山镇大山东村

山东省内少有的第四纪火山中最为年轻的一座，也是华北平原唯一露头的火山。位于黄河故道入海口，又被称为黄河故道的“古化石”。夏商称碣石，春秋称无棣山，魏晋称盐山，唐宋称马谷山，元明称大山。据记载，大禹、秦始皇、汉武帝、魏武帝曹操，或治水，或巡游，都在此留下了遗迹和诗文。

碣石是黄河三角洲地区颇具传奇色彩的自然遗迹。碣石山为无棣古八景之一，曰“马谷朝云”。无棣八景图始见于清康熙九年（1670年）版的《海丰县志》（无棣县明初曾改称为海丰县）。清道光岁贡生李异据景观写诗，至民国十四年（1925年）修志时，又以诗配画的形式，

把“八景”搬入了《无棣县志》。有诗云：“孤峰叆叇涌螺鬟，朝出行云意自闲。淡泊不遣游客梦，聊将多事笑巫山。”

碣石山下，尚有一口神奇古井，井口呈方形，井深 16 米左右，其水甘洌、爽口宜人，水位无论旱涝和季节总保持在 1.5 米左右。据村民讲，井底是木头做底基，井中有碗口大小泉眼，周围有小泉眼并存。井底面积宽敞，一个人拎着扁担的一头在井底竟然能够抡开转圈。此井之水烧开后不结水垢，生水喝了不拉肚子。在方圆二三十里内唯有此井的水最甜，周边村庄近万人受益于这盈盈水脉的滋润。

传说山口古井与东海相通，刮东风时井水微咸，刮南风时井水变甜。很早的时候山上有个达摩洞，洞里塑有达摩老祖像，达摩老祖就端坐东海通古井的泉脉上。当地有“达摩老祖抬抬腚，淹得海丰人没了命”的顺口溜，意思是达摩老祖的法力掌控着水量的多少，保佑着海丰县一方百姓的平安。

丈八佛村中有座庙，庙里有尊丈八佛

✎ 使君子 📷 苏子龙

在我的故乡博兴，流传着这样一个故事。

传说，在一千四百多年前，博兴有一地久旱无雨，庄稼颗粒无收，百姓饥寒交迫、苦不堪言。饿殍遍野导致了瘟疫的爆发，此地渐渐街衢冷落。

村里有一孝顺的年轻人，和年迈眼盲的母亲相依为命。不幸的是母亲也染上了瘟疫，冷热反复无比痛苦。天灾无情，又无水解渴，年轻人望着奄奄一息的母亲，心如刀绞，却也别无他法，只能一边侍奉、安慰母亲，一边默默为母祈祷。

母子连心，年轻人救母心切，想出了一个极端的办法——他将自己的手指咬破，让鲜血滋润母亲干裂的嘴唇。母亲慢慢

醒了过来，年轻人却虚弱地昏睡了过去。在他的梦里，出现了一个头挽高髻、方面大耳、面带微笑、脚踏莲花的人。这人来到年轻人面前道：“佛在心中，众生在井。”

年轻人猛地惊醒，细思梦中之境，又想起村北恰有一口井，急忙去看个究竟。来到井前一看，果不其然，井里的水满满的！年轻人兴高采烈地喊来将信将疑的村民。见此情景，大家欢呼雀跃地取水解渴、浇灌田地……不仅本村村民，周围十里八乡的百姓闻此消息，纷纷前来取水。人们饮用了这口井里的水，瘟疫竟也神奇地消除了。

百姓的生活渐渐恢复了正常，最初发现这口井的年轻人，仍旧尽心尽力地侍奉母亲。最终母亲颐养天年，入土为安。有一天，年轻人不知不觉地又走到村北，来到井前，突然消失了。村民们遍寻不见，又在井里打捞了好几天，却一无所获。

谁知，到了年轻人消失的第七七四十九日这天，井里突然红光乍现，空中惊雷轰鸣。不多时，一尊披着袈裟、丈八金身、面色和善的石佛悄然出现，竟坐北朝南地盖住了这眼井。

村民们恍然大悟，原来竟是这滴血救母的年轻人，以佛缘救世，井水救民。因这石佛高一丈八，威严矗立，百姓称之为“丈八佛”，纷纷前来上香供奉。后来，在一位张姓知县的支持下，此地建起了一座寺庙，名“兴国寺”，寓意兴国利民。这个村子，每日沐其佛光，也改名为“丈八佛村”。

传说的真假，我们不得而知，但丈八佛的存在，却的确是个谜。当地方圆百里之内，并没有雕刻“丈八佛”的石料，那么丈八佛究竟从何而来呢？千年前的人们是如何依靠人工将 19 吨重的巨大莲花座安放在夯土层上的呢？又是用什么办法将高 5.6 米的佛像立到莲花座上的呢？这些谜题，的确值得我们细细探究。

斗转星移，兴国寺历经沧桑，仍沐云起云落。白驹过隙，丈八佛依旧矗立莲花座上，微笑着审视着天下苍生。

INFO

兴国寺

兴国寺始建于东魏天平元年（534年）前后，寺内供奉一尊千年古佛——丈八佛。据考证，兴国寺在唐、金、元、明、清时期均重修过，后毁于清末，未有修复。近年经政府审批，由欧通国先生出资复建天王殿、丈八佛殿、大雄宝殿和东西厢房，使兴国寺重现于世。僧人释常固主持兴国寺并为寺里筹集善款，使兴国寺恢复了昔日的壮观与辉煌。

地 博兴县东南10公里处湖滨镇丈八佛村北

13954336966 13181047308

20元

三生三世 十里寻花

✎ 魏杰
📷 攻向舒 刘爱民 赵利军

三生若梦，十里桃花不见不散；缱绻情深，相思相守不负不忘。

“累世情缘，谁捡起，谁抛下，谁忘前尘，谁总牵挂。忆当时年华，谁点相思，谁种桃花……”

浅粉的樱花、如雪的梨花、嫣红的桃花……春分过后，世间春暖花开。惠风和煦，百花齐放，明媚烂漫的滨州，到了最美的时节。春天的美好，如绽放在枝头的花朵，让人不忍错过。

一入滨州门，香气扑面，“踏春之旅”开始了。邹平樱花山万株樱树十里花谷令人惊艳，自三月底一直到五月初，早樱、晚樱次第盛开，纯白，浅粉，淡红……各色樱花，花枝簇拥，和清澈的蓝天交相辉映。一阵风吹过，樱花瓣满天飞舞，连空气中都涌动着淡淡花香。徐徐春风中，美好得让人忍不住想恋爱。

一入瀛洲门，香气扑面，『踏春之旅』开始了。

踏入“一花一世界”的门，才发现樱花只是小曲。“雪为天上之雪，梨花乃人间之雪。雪之所少者香，而梨花兼擅其美。”阳信县万亩梨园自 1990 年开始便举办梨花会。每到这个时节，万亩梨园连成一片花海，春风吹起，连片的梨花洁白如雪，仿如塞北的雪树。一团团，一簇簇，层层叠叠，白如雪、洁如玉。和恋人漫步其中，哼着小曲，欣赏花开的各种形态，偶有一片落在肩头，用手轻轻拈起，好不惬意。

阳春三月正是桃花盛开的季节，位于渤海岸边的黄河岛，处处花红草绿，春意盎然。喜鹊在这里筑巢，蜜蜂在这里酿蜜。一棵棵桃树披红挂绿、一簇簇桃花争奇斗艳，成林成片的桃花苑，绚丽多姿，美丽可嘉。人们置身其中，总能勾起沉思遐想，流连忘返。有人说桃花最美的时候，不是它长在树上开得如火如荼，而是花瓣飘在空中纷纷扬扬。春日的阳光微雨，抵不住的温柔与恬静。

灼灼桃夭，十里芳华，漫山遍野的桃花仙境，一切都仿佛从画中走来。春光灿烂，花开灼灼，滨州已美得不像凡间。漫步其中，一分一秒都不想浪费。

INFO

邹平樱花节

樱花节每年在樱花山举办，自3月底始一直持续到5月。是时早樱、晚樱次第盛开，满树烂漫，如云似霞，放眼远望，片片粉樱绽放在山林野谷。如今，樱花山已成为国内一流的赏樱基地，每年吸引大量中外游客至此。

地　邹平市西董镇政府驻地往西2公里

每年3月20号左右

阳信梨花节

梨花节始于1990年，此后每年4月在阳信县举办。阳信县盛产鸭梨，故有“中国鸭梨之乡”的美誉。节日期间万亩梨园梨花盛开，梨园中心开设的“民俗一条街”，集合地方文艺、民乐、印花布、虎头鞋、泥人等，更让中外友人在观赏梨花的同时，领略到具有浓厚梨乡特色的优秀传统文化。

地　阳信县金阳街道办事处梨园郭村

每年清明节前后

大年陈镇桃花节

大年陈镇桃花节于每年的4月上中旬隆重举办。桃花节现已成为游人春季郊游踏青、赏花度假、休闲观光的好去处。来此一赏娇艳的桃花、秀丽的桃园美景、山林的田园风光。

地　惠民县大年陈镇驻地

每年4月

秦皇河里藏着小『荷兰』

✎ 王爽 📷 赵利军 袁梅

四季里，最喜春。

又是踏青赏花的好时节，我不喜桃花“桃之夭夭，灼灼其华”；不恋蔷薇“不摇香已乱，无风花自飞”；不宠梨花“白锦无纹香烂漫，玉树琼葩堆雪”……春日里开的花，偏偏独爱郁金香。

许是因爱着李白，也顺带着对郁金香产生了无限的向往。年少时离家读书，思亲时便吟诵李白的那首《客中行》：“兰陵美酒郁金香，玉碗盛来琥珀光。但使主人能醉客，不知何处是他乡。”离别的伤感也在诗仙的洒脱中淡去了几分。其实李白诗中的郁金香并非我们现在所说的郁金香花，而是一种香草。但这并不影响我的心中从此种下了一颗郁金香的种子。去荷兰看郁金香成了我心头的一根刺，时不时就刺得人痒痒的。

后来从朋友那得知，在她的家乡滨州每年都会举办郁金香节，遂决定前往踏春赏花。

刚进秦皇河湿地公园，数百万株郁金香五彩争艳、竞相绽放，花色各异，花香扑鼻。座座风车随风徐徐转动，澄澈的河水微波荡漾，孩童们在花田里肆意奔跑，摄影达人们在此取景拍摄，情侣们在此浓情蜜意地约会……我全然顾不上其他，只觉得这就是我心中向往已久的郁金香王国。

赏过了郁金香，还可到秦皇河湿地公园的金河公园、信达国际花园、双河晓月、文景苑等景点游玩，体验沙雕、制陶、烧砖等项目，深入了解黄河流域的沙土文化。这趟春日踏春赏花，也是惬意得很。

微风吹过，香气袭人。在这百万株郁金香前，我突然想起很喜欢的一位女诗人茨维塔耶娃的那首《我想和你一起生活》——

我想和你一起生活，
在某个小镇，
共享无尽的黄昏和绵绵不绝的钟声。
在这个小镇的旅店里——
古老的时钟敲出的微弱响声，
像时间轻轻滴落。
有时候，在黄昏，
自顶楼某个房间传来笛声，
吹笛者倚着窗牖，
而窗口大朵郁金香。
此刻你若不爱我，
我也不会在意。
……

INFO

秦皇河郁金香节

秦皇河湿地公园位于滨州市经济技术开发区东部，分为河畔居城、郊野公园、沙洲湿地三大景观区。3、4月份是郁金香开放的季节，秦皇河湿地公园举办一年一度的郁金香节，给游客提供赏花春游的好去处。

地 滨城区渤海十九路

4月中旬

第四章

曲艺搭台，有礼有节

推开一扇门，
往事散落了一地。
戏里戏外，梦沉梦醒，
恍惚间，
竟不知是前世还是今生。

星夜相声会馆

正月十二，胡集书会开逛，约么？

✎ 魏杰 📷 赵利军

故乡的年味儿是我一生难忘的回忆，即使随着时光的流逝，有些已经模糊不清，但故乡的开年大戏——胡集书会，我却是不会忘的……

故乡的年，是热闹的年。小时候骑在父亲的肩膀上逛胡集书会，一眼望过去，担着筐的，挑着担的，推着架子车的，骑车的，叫卖的，逛集的，人海之外还是人。人人手里拿着各种各样新奇的小玩意儿，掺和在一起，揉成了一个整块儿似的，你挤我、我挤你，推来拥去。说来奇怪，那时，虽然人多到什么也瞧不见，心里却还是美滋滋的。

既然看不到那便听吧！胡集书会并不是一般传统的庙会，它是一场能“听”的盛会。每年正月十二，全国各地的曲艺家都汇聚于此，为十里八乡来赶集会的人们唱演一出拿手绝活。

“铛里个铛，铛里个铛，闲言碎语不要讲，表一表山东好汉武二郎……”听，这是竹板书；“太阳一出来，胡萝卜发芽一棵葱……”这是西河大鼓；这边唱音未落，又听见那边惊堂木“啪”地一响，那老人把扇子往天一指，说道：“要听书往正南看，在南阳阴的大道上，走来了一个白袍小将，座下一匹白龙马，那马疾奔如飞，马蹄哒哒。”这是评书……这方乡音大舞台以天为幕，以地为台，你方唱罢我登场，谈古说今演奏着世代相传的乡音大律。

胡集书会兴起并扎根于惠民县，至今已有七百余年的历史。胡集书会的成因众说纷纭，流传甚广的一种说法是，有一年恰逢春节后胡集第一个大集，从南方来了伙说渔鼓书的，从北方来了帮说大鼓书的，相互斗技无果，便相约来年各自邀来更多艺人一争高下。数年后，艺人们深感来此献艺是好事，不妨弃仇成友，商定每年齐来惠民县胡集镇聚会，畅叙友情，竞技卖艺。

胡集书会纵横千古，连贯东西南北，更有人称“一日能看千台戏，三天可读万卷书”。满街弦鼓争鸣，万众赶会听书。如今它早已不只是惠民人的集会，更是全国民间艺术的盛会。三百余位艺术家现场演艺，曲艺之美，尽在其中。

正月十二，胡集书会开说，你约了吗？

INFO

胡集书会

胡集书会是兴起并扎根于滨州市惠民县胡集镇的传统曲艺集市盛会。它自元朝兴起，至清初极盛，一直沿袭至今，已有七百余年的历史。2006年，胡集书会被列入首批国家级非物质文化遗产名录。

每年正月十二

“兵营”里走出来的开年大戏

✎ 顾红红 王潇者 📷 中共滨州市委宣传部

如今有些高楼林立的城市，一到过年便似一座“空城”，爆竹不响、狮龙不舞、花灯不闹，零零散散的行人成了城中唯一的风景。城中的人们，似乎逐渐忘却了那些传统的美好。

从前，除夕夜晚的爆竹声声、热气腾腾的水饺，吃不完的瓜子、糖果，赶大集时的人山人海……这都是年味。

还有另一种年味，阳信独有，他处难寻，那便是开年大戏“鼓子秧歌”。

红绸锣鼓，欢天喜地，秧歌队伍大游行一直从村东头舞到村西头。舞伞的、敲鼓的，步伐整齐，一步三扭。夸张的动作，轻快的乐点，想不热闹都难。

INFO

阳信鼓子秧歌

“鼓子秧歌”作为民间舞蹈形式，在阳信县历史久远，主要分布在县城西部的洋湖乡、温店镇以及附近周边县的邻村。其中洋湖乡有“中国民间文化艺术之乡”“山东省秧歌艺术之乡”的美誉。其主要伴奏乐器是大鼓和大锣、手锣、钹等。其中大鼓是整个舞蹈伴奏的核心乐器。大鼓直径是一米，声如雷动，气势澎湃，震撼人心。2009年，阳信鼓子秧歌被山东省人民政府批准列入第二批山东省省级非物质文化遗产名录。

阳信鼓子秧歌传承至今已有千年历史，它是山东三大鼓子秧歌之一。当地老艺人常讲“先有灵霄阁，后有大秧歌。”明清时期武定府城外驻有兵营，每年正月十五，在灵霄阁庙会之时，军民同乐，将士们手拿兵器摆成阵法，场面盛大，气势恢弘，舞姿粗狂豪放，节奏热烈。舞到高潮之处，三教九流也加入其中，逐渐形成了今天的鼓子秧歌。可见鼓子秧歌最初的形成不是大家想象的那样“图个乐呵”，而是有些来头的！

鼓子秧歌的主要道具是伞、鼓、花、棒。“伞”是由古代帝王出巡所用“华盖”演化而来；鼓由古代的盾牌演化而来；鼓槌由短刀或矛演化而来；棒由鞭演化而来。

因此，秧歌全程基本上是典型化了的古代军事演练过程。即阅兵、点将、布阵、开战、收兵。据老艺人讲，鼓子秧歌的表演，其实就是在演绎古代军事家孙膑与庞涓兵法过招，若细看还有门道暗藏在其中。

鼓子秧歌的艺人们在春节前就开始排练，大年初一至正月十五演出。一个村的秧歌队都是由本村年龄大、威望高的老人带领的；到各村演出时由“探马”负责联络；被访问的村子接到通知后，同样由本村年龄大、威望高的老人，带领全村男女老少出村迎接。

如今，鼓子秧歌的演出在阳信县依旧兴盛，每到春节期间必有各村的秧歌队到处串门演出，每年还不断有新的秧歌队参与进来。每年正月十二左右，阳信县洋湖乡还有鼓子秧歌大赛，热闹非凡。所以，要想一享过年的欢闹，不妨去洋湖乡和温店镇，那儿的年味正浓呢！

人生如戏，

戏里道尽人间沧桑

王不留行 中共滨州市委宣传部

从小，我就喜欢和年迈的姥姥一起去听戏，常常沉浸在婉转流畅的唱腔里，沉醉在曲折离奇的故事里，忘了归家。直到姥爷寻来，我们才惊知夕阳西下，二人已在剧团待了大半天。

姥姥家在吕艺镇，正是吕剧的发祥地。在镇上，像姥姥一样不仅看戏、懂戏，还会唱戏、演戏的人不在少数。上到耄耋之年的老人，下到七八岁的稚童，随便一人，都能哼唱几句。这就是吕艺镇。

每到农闲时节，吕艺镇上的吕剧爱好者们，就自发地聚到一起，搭班子练戏，演一些小节目，打发闲暇时光，自娱自乐、悦人悦己。听姥姥说，吕剧从最初的民间小调发展到现今的梨园明珠，可是经历了一个漫长的过程。

清同治年间，博兴县由于地处黄河下游，水患频发，灾荒不断。百姓生活困苦，唯有背井离乡，四处流浪，以艺谋生。人们随身携带坠琴、竹板等简单乐器，以演唱当时民间流行小曲为主，或顺口编造有趣故事，边演唱边乞讨。表演完后，看客们有给几个铜板的，也有给几个窝头的，收入不多，但总算解决了口粮问题。

渐渐的，难民越来越多，以“唱曲”讨饭也成为有些人养家糊口的主要手段。流浪中，他们不断汲取戏曲唱腔和民间小调，逐渐形成了自己的唱腔和特点。演出形式也不断发展，从最开始的“跑门子”到“盘凳子”，再到“拉地摊”化妆演出，渐渐形成了观众基础。吕剧迎来了最初的萌芽。

当时有一演出者名叫孙中新，他多才多艺，既能演唱，又擅长司鼓操琴，常与民间艺人搭档演出，深得观众赞赏。后来他联合搭档刘峦峰、张贵兰、张保光等人，首创化装扬琴。他将原来由演员兼操乐器、以第三人称演唱故事的形式，改为演员上装扮演角色、伴奏退到后场的演出形式，形成了吕剧的雏形。孙中新也因此被誉为吕剧创始人。

再后来，这些民间艺人们创造性地编出了《王小赶脚》《吕洞宾戏牡丹》等演出剧目，逐步形成了自己独特的风格。由于当时主要伴奏乐器是坠琴，演奏者按奏坠琴的手指是上下捋动，故名为“捋戏”；又因中国音乐十二律中的音律有六种，总称“六吕”，因而将“捋戏”改称为“吕戏”。后来吕戏迎来了自己的大发展，在齐鲁大地广为传播，逐渐发展成为山东省最具代表性的地方戏曲剧种，并跻身全国八大剧种行列。而最初民间艺人们的故乡，也因此改名为“吕艺镇”。

如今，吕艺镇的人们安居乐业，生活条件极大改善，已无需走街卖艺，但农闲时节就组织吕剧演出这一传统却仍旧被保留了下来。

长大后，我仍旧喜欢听吕剧，喜欢那质朴清新的唱词，喜欢那婉转自然的唱腔，也喜欢它讲的那些老故事，娓娓道尽人间沧桑……

东路梆子，和时间作战

✎ 周亚 📷 苏子龙

INFO

东路梆子

东路梆子是一种传统戏曲剧种。东路梆子的生、旦、净、丑在演唱时，除板式相同外，在行腔、用气等方面，各行都有各行的唱法，但均为先吐词后甩腔。吐词用真嗓，甩腔用假嗓，也可说“吼”用假嗓。乐器以大胡琴、月琴、三弦为主。

2006年东路梆子被山东省人民政府批准列入首批山东省省级非物质文化遗产名录。

“东路梆子已经进了重症监护室，恳请你们，抢救一下它。”

冬日阳光儒雅地照进孙子故园后排厢房的小西屋内，这个仿佛隔绝了室外凛冽寒风的地方，是惠民县非遗协会东路梆子研究办公室。在这里，我们终于见到了正在进行剧目整理的三位东路梆子的传承人。

后继乏人的窘况，令这三位老艺人既心急如焚又无可奈何。

“在我小时候，庄子里人人都会唱东路梆子，人人都爱好。现在没人唱了，也没人听。”回忆起往事，东路梆子演员、七十六岁的左存喜老先生的眼神里有柔情，有热烈，也有凄凉，有黯然。

据左存喜老先生介绍，东路梆子原名梆子腔，也叫“山东吼”，至今已有四百余年的历史。

明末清初，山陕梆子艺人以艺谋生，随商路沿黄河到山东，到处演唱山陕梆子，山陕梆子渐渐在此兴盛起来。随着时间的推移，在当地方言、风俗、戏曲、民间音乐等的影响下，梆子腔渐渐融合了齐鲁大地的质朴、细腻，弱化了秦腔的悲凉、粗犷，无论在念白、唱腔还是表演等方面都有了很大的变化，逐步形成了自己的风格。

这种变化了的梆子仍称梆子腔。由于时常要和横笛梆子（河北梆子）同台演出，为了区别这两种梆子，人们便把流行于济南以西、西北的横笛梆子称为“西路梆子”；把流行于济南以东、东北的变化了的梆子称为“东路梆子”。

由于东路梆子的唱法是先吐词后甩腔，吐词用真嗓，甩腔用假嗓，也可说“吼”用假嗓，人们还给它起了个别名，叫“山东吼”。东路梆子渐渐发展起来，盛行一时。

“过去，演员不会识谱，就靠死记硬背、口口相传，东路梆子才能走到今天。”七十四岁的白清然老先生说。白老先生是东路梆子导演、演员，须发雪白，举手投足都是老一辈艺人的儒雅之风。据他回忆，在惠民东路梆子剧团鼎盛时期，剧团足有五十七八人。

十年浩劫中，东路梆子剧团被迫解散，待到一切都平静下来，东路梆子绝处逢生，可一个又一个的老艺人相继离世……东路梆子这沿袭了几个世纪的民间戏曲艺术，渐渐失去它从前的万丈光芒……

七十七岁的琴师李丙志老先生除了在向我们展示他珍藏了一辈子的大胡琴、月琴、三弦等乐器时滔滔不绝，其他时候一直寡言。李丙志老先生精通音律，又研习乐谱，是剧目整理的主力。

如今，为了他们引以为傲的东路梆子能够得到更好的传承、发展，三位老艺人不再热衷于去幼儿园接孙子，不再沉迷于和同龄人在公园下棋，不再理会老伴儿喊其回家的催促……他们每天泡在这间屋子里，对从前的演出剧目进行挖掘、整理。

尽管如此，这项工程对他们来说仍旧浩繁。年事已高，老病频发，他们不得不每天上紧身体里的那根弦，和记忆、时间作战。

“东路梆子已经进了重症监护室。恳请你们，帮我们多多呼吁懂音律、有基础的年轻人来了解、传承、抢救一下它。”告别时，三位老先生仍旧不忘嘱托。

推开门，园子里的落叶铺了一地，但松柏，仍然长青。

徒骇河边，是谁在唱渔鼓戏？

✎ 雅文 📷 贾海宁 苏子龙

不看戏，怎知民间曲艺姹紫嫣红都开遍？如英国的莎剧，如日本的木偶净琉璃……地域文化的差异让艺术也精彩纷呈。中国的民间曲艺博大而精深，华夏大地艺术形式多不胜数，这一次，想讲讲家乡沾化的渔鼓戏。

人生如戏，戏亦如人生。传奇如《湘子出家》，一点慧根，一份执着，让凡胎肉身的韩湘子修道成仙；反转如《审衙役》，郑板桥骑

INFO

沾化渔鼓戏

沾化渔鼓戏流传于滨州市沾化区富国街道胡营村，源于清雍正元年（1723年），是当地艺人在渔鼓基础上引进锣鼓和其他戏剧形式，并将武术糅进戏剧动作之中，形成的一种新的戏曲表演方式。近年来，沾化渔鼓戏剧团在对传统渔鼓戏进行一系列改进的基础上，创作编排了一批渔鼓戏新剧目。其中《审衙役》《追龙缸》《打板桥》《墙角》《村里有个烂筐子》获中国戏剧奖·小戏小品奖一等奖。2008年6月，沾化渔鼓戏被列入国家级非物质文化遗产名录。

驴微服勘查，夜审衙役；真情如《冬枣树下》，秦口河畔枣园中上演的悲欢离合，如今想来依旧动人……真真假假，偏偏让人品出了人生百味。

在我看来，去剧院欣赏渔鼓戏是次选，高高的舞台似是将观众隔离出剧中的世界。倒不如搬个马扎在村口一坐，好好欣赏一出“接地气”的戏。渔鼓戏原本就是当地艺人在渔鼓道情基础上加入地方歌舞、武术和渔民号子而形成的一种独特的地方剧种。想要欣赏原汁原味的艺术，怎能不到本乡本土去？

在沾化，无论孩童或老人，没有不喜欢渔鼓戏的。渔鼓戏就是一坛陈年的老酒，沾化人爱渔鼓戏，就好像嗜酒的人爱美酒，只要村口细碎的鼓点一敲，清亮的渔胡一响，人们就忙不迭地放下手里的东西就往外跑。

不一会儿，戏台下已是黑压压的一片人。有凳子的坐在前面，没凳子的站在后面。不管是坐着的，还是站着的，都是脚挨着脚、肩碰着肩，想出去都得硬挤出一条路。前脚人刚走，后脚路就不见了。

好戏开场，台上的人进入了角色，台下的人也入了戏。渔鼓戏是热闹的，以方言入戏，既说也唱，虽极具地方特色却通俗易懂。**渔鼓一敲，字正腔圆，传说故事一个个娓娓道来。它近乎朴素，但也正因如此，反倒酿造出了民间最真的艺术，醉倒了一片爱着它的人。**

一段渤海大鼓，假包公审出真盗贼

✎ 使君子
📷 苏子龙

如今已年近八十岁高龄的兰尊侠自幼喜爱文艺，他的戏路极宽，除了擅长渤海大鼓外，还精通山东快书、评书、竹板书、木板大鼓等艺术形式，他和已故鼓书艺人魏尊昌，是渤海大鼓的创始人。

在沾化，有一此地特有的民间说书艺术——渤海大鼓。它唱腔高亢婉转，语言通俗质朴，表演声情并茂，情节跌宕起伏，旋律千变万化，听起来韵味无穷。有许多曲艺爱好者不远千里来到古城，只为听一段渤海大鼓。

关于这渤海大鼓，在此地还流传有许多逸闻趣事。

据说有一次，渤海大鼓传承人兰尊侠受邀到外地演出，有一剧目是《包公审案》。正当剧情进行到包青天审案高潮时，台上包公猛然拍下惊堂木，高声喝道："台下盗贼，还不如实招来！"谁知此时台下竟突然站起一位观众，他分开人群来到台前，"扑通"一下跪倒在地，并细细讲述了自己因家贫偷盗当铺的全过程。台下观众哄堂大笑，继而合力将此名盗贼控制，欲扭送官府。而盗贼此时才恍过神来，只怪这台上兰尊侠演得太过逼真，不知不觉中，他竟信以为真，以为"包公"看破自己的小伎俩，才闹了这么一出好戏。

这个故事，后来被观众形象地称作"假包公审出真盗贼"。

据兰尊侠老先生回忆，上世纪七八十年代是渤海大鼓的辉煌时期。因渤海大鼓中有许多长篇段子，这集罢了，预知后事如何，需听下回分解。因此在他到外地演出时，常有不少"粉

INFO

渤海大鼓

渤海大鼓最早起源于清朝道光年间，将东路大鼓、西河大鼓、河间大鼓等鼓书流派的精华兼收并蓄、融会贯通，最终于1943年至1966年间形成了富有渤海地区地方特色的大鼓流派，被列入山东省省级非物质文化遗产名录。沾化区古城镇洼李村的兰尊侠既是创始人之一，也是现在硕果仅存的唯一传承人，已近八十岁高龄的他仍然经常登台演出，深受当地百姓喜爱。

丝”紧紧跟随他的巡演步伐。当时有名退伍军人，就是兰老先生的“忠粉”，被故事里的情节吸引，欲罢不能，跟着兰老先生走了十几个村子，直到把故事听完。或许，这就是渤海大鼓独有的魅力。

如今已年近八十岁高龄的兰尊侠自幼喜爱文艺，他的戏路极宽，除了擅长渤海大鼓外，还精通山东快书、评书、竹板书、木板大鼓等艺术形式，他和已故鼓书艺人魏尊昌，是渤海大鼓的创始人。他们在西河大鼓的基础上，创造性地将东路大鼓、京剧、梆子、民间小调等唱法融于其

中，研创出渤海大鼓这一璀璨的艺术形式。在后来的说唱生涯中，兰尊侠先生更是不断地融入新的唱法，使渤海大鼓又有了新的完善和发展。

渤海大鼓表演情节逼真、人物刻画深入，极易引发观众的共鸣，因此有着坚实的观众基础。虽然现在许多民间曲艺形式受电视、网络等冲击，门庭冷落、几近凋零，但传承人兰尊侠老先生心态极好，他从不哀叹、抱怨，或精心地向慕名前来的观众呈现一场表演，或耐心地为爱好渤海大鼓的学生免费授课……他微笑着面对时代的发展，相信年轻的人们定能将传统民间曲艺发扬光大，渤海大鼓定能代代相传。

第五章

手艺即心意，此中有真意

剪纸贴窗棂，
灯笼挂门前，是年；
敲响牛皮鼓，
请尊泥娃娃，是节；
一门老手艺，
三尺匠工台，是人。
世有深情人，
静守一座城。

听年画讲一个古老的故事

昏昏
刘刚 中共惠民县委宣传部

清河鎮
清聖堂畫店

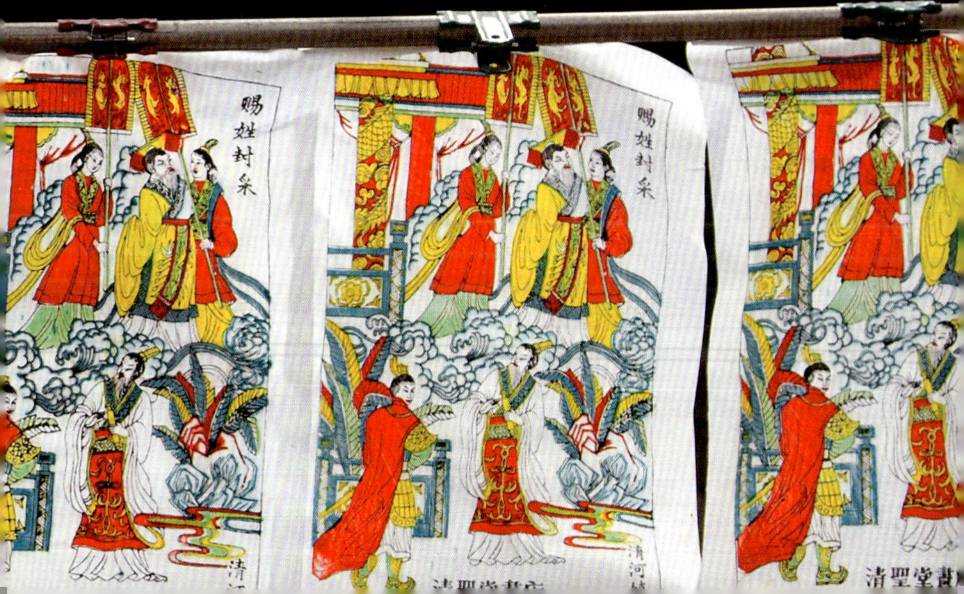

賜姓封采

清河鎮

“武定府有个清河镇，家家户户迎财神。祖上传下聚宝盆，传给近乡和远村。”多少年来，朗朗上口的民谚，在滨州远近相传。

民谚里的武定府自然是指滨州惠民县，而这祖上传下来的聚宝盆，指的则是清河镇木版年画。说起这清河镇木版年画，可是有一个古老又美好的故事。

年画是一种古老的中国传统民间艺术，早在汉朝，百姓就有在门上贴门画的习俗。在民间，年画就是年的象征，不贴年画就不算过年。新年将至，家家户户照例纷纷张贴起风格不同、色彩各异的年画，十分喜庆。

印刷术是中国古代四大发明之一，是人类文明发展史上的一座重要里程碑。它由文字印刷和图像印刷两部分组成，其中的图像印刷即是最初的木刻版画。由于接近生活，又价廉物美，明清年间，中国民间木版年画异军突起，成为深受民间喜爱的艺术形式。

清朝乾隆年间，帅祖王画三将天津杨柳青木版年画技艺带到清河镇，距今已有近三百年的历史。自接触到此技艺，清河镇的年画爱好者便投入了莫大的兴趣和激情进行创作。他们基于当地农民辟邪祈福的美好愿望，深度挖掘历史故事、神话传说，大刀阔斧地进行创作，作品画风淳朴、题材丰富、主题鲜明、用色大胆、造型夸张，具有浓郁的乡土气息，体现了一种鲁北地区特有的粗犷美。与天津杨柳青等地的年画不同，清河镇木版年画只印不画，全部用木版套印，别具一格。

在此后的几十年间，清河镇木版年画迅速发展，深得当地民众喜爱。至光绪年间，清河镇木版年画发展到鼎盛，大街小巷木版年画店林立，曾多达65家，并流传到博兴、邹平、章丘、长清、沧州等地。

清河镇木版年画与天津杨柳青木版年画、潍坊杨家埠木版年画并称为中国北方三大木版年画。它起源于杨柳青木版年画和杨家埠木版年画，集两种木版年画之特色，同时植根于惠民优渥的文化土壤中，在惠民丰厚的民俗风情浇灌下，发展、形成了自己独有的性格特点。

起稿、刻版、印黑、套色、施彩……完成一道道工序，一个个生动的年画形象便跃然纸上，向人们讲述着一个个精彩的故事，展现着中华民族独有的风土人情。

INFO

清河镇木版年画

2006年，清河镇木版年画被山东省人民政府批准列入首批山东省省级非物质文化遗产名录。清河镇木版年画的取材和内容反映了当时农民的思想追求、风俗信仰、审美观点、生活需求，其表现内容丰富，表达避邪纳福、瑞祥吉利之意，题材主要有历史故事、神话传说、小说戏剧等。它根植于民间的土壤之中，长期以来起着丰富人民精神生活、反映人民美好愿望、美化节日环境的作用。

金童送福

被蓝色浸染的滨州时光

周亚
苏子龙

耿延祯老先生是滨州蓝印花布技艺的传承人，自清代其曾祖父耿光辉首开染坊，从事蓝印花布的制版、印染与销售，迄今已有一百多年的历史，到他这儿，也已传承了四代。

马到成功
丹凤朝阳
金童送福
癸巳年秋月剪子民
张清
徐宁
杨雄

自少年时代看过黄磊主演的电视剧《似水年华》，便常常会做一个蓝色的旖旎的梦。

古朴清丽的江南小镇上，走过湿漉漉的青石板路，路过三两座小巧拱桥，和围坐在一起绣花聊天的老太们打过招呼，便来到一个宽阔的好似迷宫般的挂满蓝印花布的染坊外。微风乍起，笼罩的雾霭渐渐散去，几条蓝印花布飘忽起来。隐约间，蓝印花布架下，或走出一名儒雅的青年与我初识，或跳出一个明朗的少女和我相逢……

后来到过滨州，有幸结识了耿延祯老先生，我才明白，或许不必跨越千山万水，蓦然回首，身边就有你曾视而不见的美。在滨州，也可以逃离红尘俗世，追忆似水年华。

耿延祯老先生是滨州蓝印花布技艺的传承人，自清代其曾祖父耿光辉首开染坊，从事蓝印花布的制版、印染与销售，迄今已有一百多年的历史，到他这儿，也已传承了四代。

耿氏蓝印花布色彩主要为蓝白二色，采用传统方式印染。先刻纸为版，再将镂空花版铺在白布上，然后用“抹子”把黄豆粉和石灰粉做成的防染浆，刮入花纹空隙，漏印于布面，待干后浸染靛蓝。最初，人们以蓝草为染料，将收割来的蓝草经高温提取靛蓝，后来德国人发明的合成靛蓝传入中国，人们又开始使用“洋蓝”印染。最后，将浸染后的蓝布晾干后，刮去防染浆粉，布上就显现出色彩或深沉或明快的蓝白花纹。

过去，蓝印花布图案或朴实典雅、或吉祥喜庆，深受百姓喜爱，又因物美价廉，盛行一时。农村男女青年结婚时，蓝印花布是缝制嫁妆必备的面料。耿氏印染布更是远销东营、淄博等地。

如今，在机械化、工业化生产的冲击下，传统蓝印花布正面临逐渐消亡的困境。流水线式生产不可或缺，我们不能否认工业化发展的价值和意义，但唯有传统的手艺才能点亮一块布的生命之光，唤醒上面

INFO

蓝印花布印染技艺

蓝印花布印染技艺在滨州博兴一带有着悠久的历史，是一门融生活与艺术于一体的技艺，色彩主要运用蓝白二色，具有清新明快、纯真朴素、自然和谐、典雅大方的艺术特点。蓝印花布曾是民间盛行的一种布料，也是博兴的一种传统手工艺品，是农村男女青年结婚时，缝制嫁妆的面料和包裹嫁妆的必用物品。此外，旧时蓝印花布还是一种小康生活的象征。2009年蓝印花布印染技艺被山东省人民政府批准列入山东省省级非物质文化遗产名录。

花色的脉脉温情。传统手工印染下的每一个花纹、每一个色块，都有着自己的灵魂。

日本小说家三岛由纪夫曾经说过："在生命中赋予我们的行为以意义的，是对某一刻的忠诚，以及我们为使这一刻成为永恒而付出的努力。"耿氏染坊不在了，但蓝印花布还在，耿延祯老先生仍旧几十年如一日地投身于蓝印花布技艺的创作和传承。

微风又起，笼罩的雾霭渐渐散去，几条蓝印花布飘忽起来。隐约间，蓝印花布架下，走出一位满头白发的老人。或许，他的似水年华，就是一生浸染了蓝色的滨州时光。

遇上疯狂的博兴草柳编淘宝村

✎ 刘辉晶　📷 苏子龙

第一次知道博兴草柳编，是在2010年上海世博会上。在一众外形怪诞而又创意无限的国家馆中，西班牙馆令我印象尤为深刻，因为我从来没有见过那么壮观的柳编编织品作为整个国家馆的外部造型，站在相邻馆的楼顶看来来往往的游客，就像是那巨型编织品下的一个个小蚂蚁。当时我只是诧异外国人怎么会有这种“中国风”的玩意儿，直到后来看过新闻报道才知道，和我有着一样想法的人不在少数，而真正实现这一盛景的也不是什么外国人，而是中国山东博兴的一位农村手艺人。时隔多年，我已经记不清那位手艺人的名字了，只是深深地记住了当时轰动一时的草柳编编成的西班牙馆，也记住了草柳编是博兴特产。

多年后，当时的震惊早已没有那么深刻，但是偶然的机会让我踏入了博兴县，似曾相识的字眼在脑海里翻转，忽然间就将博兴与草柳编联系在了一起，当地同行的朋友笑着对我说：“没错啊，咱们博兴就是柳编之乡，有七八百年的历史了。”看我对草柳编很感兴趣，朋友便笑着介绍，博兴县有个淘宝村，全村都在做草柳编生意，这个村子名气可大了，阿里巴巴的马云知道，央视财经频道也来报道过，而这村儿的草柳编生意在淘宝上供不应求，更有国外订单不断砸来。几句话就把我的好

奇心勾了上来，去看看这个淘宝村再顺便淘点宝贝也不枉此行了！

朋友口中的这个淘宝村正是博兴县湾头村。我们一进村就看到来来往往的三轮车、电动车、 面包车，每辆车上都装着大大小小的箱子，还有未包装的柳编制品堆垒在三轮车上。与传统村落安静的气氛不同，这湾头村一派热火朝天之象，车水马龙好不热闹，村民们彼此路过打招呼也都是极其网络化的：“亲，旺旺

INFO

博兴草柳编

山东省滨州市博兴县被文化部命名为“中国草柳编之乡”。草柳编工艺品编织业在博兴县历史悠久，柳编和草编还分别入选了国家级非物质文化遗产名录和山东省省级非物质文化遗产名录，深受海内外市场青睐。目前，博兴县草柳编产品已出口多个国家和地区。

上给你留言了，昨天的货再匀给我点儿”“支付宝转账，别忘了查”“‘双11’的货总算发完了，好歹喘口气儿”……我简直被这一切惊呆了。走入一家说不上是住户还是商户的家中，一个年轻人在电脑前操作着，屋里堆满了各式各样的编制品，有草柳编花篮、茶几、屏风、蒲团、小动物……伴着不绝于耳的旺旺信息提示音，年轻人顾不上我们，边敲着电脑边招呼我们随便看。朋友告诉我，整个湾头村像这样的淘宝商户有八百多家，很多大学生在毕业后都选择了回乡创业，亣起网店做起了这草柳编生意，淘宝“双11”的时候整个村子的营业额能达到四百多万……

这疯狂的湾头村给了我太多的惊喜！听说这个村子的草柳编原材料既有当地麻大湖所特产的蒲草，也有来自于海外的进口柳条。村里的老人每天将它们变成一个又一个精美的艺术品。更有大学生发挥聪明才智，将创意融入到草柳编制品中。不论是草柳编的设计造型，还是颜色质地都有了新的突破，时不时就会接到海外订单，更有外国客商常常到访湾头村。

我被这淘宝村折服了，大包小包买了一堆漂亮又实用的草柳编制品。电子商务和物流业的发达，使这草柳编技艺以另一种形式焕发出无穷的魅力，也给这湾头村民开辟了一条闪亮的“致富通道”。我依依不舍地离开这个白天晚上都热烈销货的疯狂村子，心中想着：下次有机会带上家人还来这里！

手上的温柔，纸上的艺术

文 / 夏木七　图 / 李洪武

我第三次当伴娘，新娘是大学室友，新郎是滨州惠民县人。

之所以对这场婚礼印象深刻，原因有三：一来，新娘是几个室友中第一个结婚的；二来，这已是我人生中第三次当伴娘（据说，做伴娘不宜多过三次）；最重要的是第三点，他们的新房里随处可见鲜活生动、寓意美好的剪纸：“龙凤呈祥”“比翼双飞”……红彤彤的颜色，无疑为婚礼增添了不少的喜庆氛围。

后来才知道，原来惠民是出了名的剪纸艺术之乡，这里有一批手艺精巧的剪纸艺人，他们认真钻研、潜心创作，在艺术的继承和创新上做出了贡献，用一幅幅剪纸表达着对生活的热爱。

其实提起剪纸，我们并不陌生，剪纸作为一种传统的民间手工艺术，以其乡土味十足、生动有趣的艺术魅力深受人们的喜爱。据我了解，惠民县周边流行的剪纸多为窗花或刺绣底样，风格上较粗犷些，其剪纸中对称（折剪）式的人物很有特色。

INFO

滨州剪纸

滨州剪纸历史悠久，题材广泛，内容丰富，形式多样，是千百年来生活在这片土地上的人民世代相袭、不断创造、不断丰富、经久积淀的结果。它历经黄河文化的孕育，又经齐鲁文化的洗礼并吸收周边文化的营养，最终形成了自己独具特色的艺术风格，同时也展现着别具风采的文化神韵。

清咸丰年间《滨州志·风俗篇》记云:“夕贴春联彩胜，易门神桃符。”滨州剪纸源远流长，滥觞于何时已无据可考。《武定府志·风俗物产篇》亦云:“十月朔日，携酒脯，登墓祭，剪彩纸为衣焚化，谓之送寒衣。”此风俗，说明剪纸艺术在滨州这块土地上已有悠久的历史了，传承至今，更是有很多佳话广为流传。

室友就是被其中一段因剪纸结缘的爱情佳话感动，这才毅然决然投入已婚人士的大军。

在他们邻村的惠民县孙武街道盖云台村有一对夫妇——盖敬德和张秀荣两位老人，老两口从年轻时便喜爱剪纸艺术，从村里结婚用的喜字、鞋花等简单的图案到复杂的创作，从游龙惊凤到戏水鸳鸯，从毛主席画像到党的“十九大”题材，二老的剪纸花样繁多，他们夫妻俩一个画、一个剪，配合得十分默契，剪出了一幅幅备受青睐的作品，也剪出了一生相伴的温柔时光。

听她说起这段故事，我不免感慨万千，人生最难得的幸福大概就是这样了吧，和心爱的人一同做着美好而有意义的事。

我仿佛看到了多年以后的室友，在日光和煦中，一张纸，一把剪刀，一双上下翻飞的灵巧的手，一生相伴的爱人，一世缱绻的温柔……有些东西便这样在无声中世代传承。

传统老手艺，扎出新年味儿

乔乔 苏子龙 赵利军 中共惠民县委宣传部

常常听人感慨，过年没了年味儿，我却没有这种惆怅。只因在我的老家惠民，每逢农历年关将至，家家户户年味渐浓，不仅如此，村民们还给大家“扎”出年味儿，送去年味儿。

在老家，村民们传承的手扎灯笼技艺已有近六百年的历史。

每年秋收过后，家家户户割了芦苇，去除叶梢，从中挑选厚且直的切成半米或一米的小段，用穿子将芦苇破为几股苇篾。此时的苇篾过于干燥，边缘毛刺很容易割伤人的手指，因此要将其泡在水中，待苇篾泡到柔软，便开始用它扎灯笼。

扎灯笼可是个功夫活儿。小的灯笼需用14条苇篾，两两成对，压一挑一，交错编织。将灯笼口扎好、稍具雏形后，套上稍短些的苇篾做灯笼腰，待三道腰都编好，将其套在特制的楦子上整形，再收口。最后，将装点着花鸟虫鱼的玻璃纸往灯笼的腰部一糊，或大红或桃红的彩纸往灯笼的两头一包，一个小小的、精巧的手扎灯笼就出炉了！

虽然是同样的工序，大灯笼却更难扎些，大概需要20余根苇篾。20余根苇篾有条不紊地上下翻飞，张扬的性格被一双双灵巧的双手抚平，变得内敛；毛躁的脾气被一双双粗糙的双手理顺，变得温柔。不多时，苇篾们被赋予了新的灵魂和生命——手扎灯笼。

把扎好的灯笼拿到热热闹闹的年集上卖，不多时便被抢购一空。中国自古以来就有逢年过节张灯结彩的习俗，这“灯彩”便是指灯笼。在门前悬挂一对大红灯笼，不仅能烘托节日的喜庆氛围，还寄托了人们对家人团圆、事事平安的美好祈盼。

放假时跟着爷爷学扎灯笼，我的手笨，有时一个钟头也扎不出一个小灯笼，常常望着爷爷手里的苇篾发呆，待回过神来，一个灯笼已被爷爷扎好了。

听爷爷说，他年轻时，村里男女老少几乎都会手扎灯笼。如今，像我这样的年轻人纷纷外出求学，中年人外出务工，传承着这项技艺的，只剩村里像爷爷这般年纪的老人了。在人们纷纷感叹年味儿消失了的今天，在我们的视野之外，老人们在不被关注的家乡坚持着，坚守着。他们常常默默不语，却用自己几十年的老手艺，为我们扎出了家味儿、新年味儿。

INFO

手扎灯笼

灯笼是中国年俗文化的重要组成部分，手扎灯笼是滨州市惠民县何坊乡张大官村一带传统的民间手工艺品。灵动的手工，体现了手工艺人心手合一的和谐，手扎灯笼已入选第一批滨州市市级非物质文化遗产名录。

东方踢踏舞？NO！这是在制鼓！

✎ 王爽 📷 苏子龙 滨州市文化广电新闻出版局

古人逢喜，击鼓而舞，而舞者与鼓必谐，鼓者与舞必和也。

在远古时期，鼓被奉为通天的神器，主要是作为祭祀的器具；在冷兵器时代，鼓被用于战场，作鼓舞士气之用；而从周代开始，鼓便成为乐器。

鼓乐的好听与否，不单在于击鼓人的技艺，更在于鼓的音质好坏。制鼓，便起着决定性的作用。在滨州惠民县，有这样两个村子——踩鼓宋村和踩鼓刘村。在那个机器加工不普及的年代，村里几乎家家户户靠制鼓谋生。

随着机械工艺的发展，繁琐复杂的手工制鼓，便慢慢退出了市场，而在那些为数不多的老手艺人心里，这门手艺，不单单是用来谋生的工具，更有着不可言说的沉甸甸的分量。

紧蒙密钉，晴雨同声。不论是直径两米的大抬鼓，还是几十厘米的小手鼓，制鼓都是门耗时费力且极为讲究的手艺活儿。

一面鼓，至少需要经过选材、烘烤、严腔、粘腔、上皮、踩鼓、钉鼓钉、割鼓沿、刷漆九道工序。

单是选材，就颇为讲究。鼓腔的木料，多采用槐木和桑木。木材经过分解、刨制等步骤后，制成鼓腔，放入炉子里烘干。烘烤木材的过程中，需要用细碎的木屑点火，以星星火苗慢慢烘干去湿。有经验的老手艺人，单凭敲击木板的声音便可判断鼓腔板材是否合格。鼓腔烘干后，用刨子将鼓腔刨磨平滑，再量测修整鼓桶，使之圆整。

鼓面的选材也有讲究。鼓面的皮子，采用鲁北黄牛的新鲜生牛皮。鲜牛皮泡湿后脱毛，脱毛后用盐腌渍、晾干，以防止腐蚀。如此制作的牛皮便没有了腥味，且韧性好，经久耐用。

画好鼓腔样，拼好鼓腔身，刨平鼓腔口，蒙上鼓皮，支好鼓架，便到了制鼓中决定鼓的音质好坏的关键一环——踩鼓。踩鼓前要给牛皮“上劲”，用绳子和木棍将牛皮固定在鼓腔上，最大限度地拉紧后，便可以踩鼓了。一个直径 85 厘米左右的小鼓需要两位踩鼓人，耗时两个多小时，大鼓则需动用四五个人同时踩鼓。上一遍劲，踩一遍鼓，使鼓皮松弛，如此反复数次，做出的鼓音质清脆、洪亮，有金属感。要想做出的鼓结实耐用不走音，踩鼓这一环可懈怠不得。

踩好鼓后，将边角修剪好，钉上鼓钉，刷上漆，一面鼓就算是制好了。试音时，鼓棒在鼓面上敲打，声声震耳，棒棒敲心。

“老爷堂上一面鼓，鼓上一只皮老虎。皮老虎抓破了鼓，就拿块破布往上补。只见过破布补破裤，哪见过破布补破鼓……”

念着绕口令的孩子们围着鼓跑跑跳跳，随着鼓声阵阵，年也越发近了。

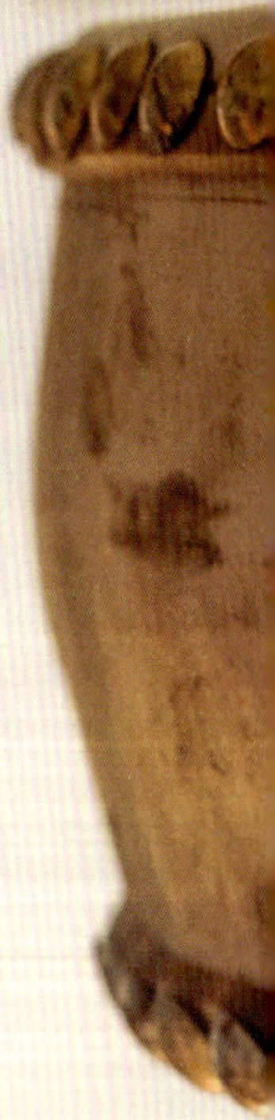

老虎不发威，当我是布的吗？

✎ 王潇 周亚
📷 苏子龙 中共滨州市委宣传部

圆滚滚的身子，好似一只糯米团子，若不细看它头上的『王』字，还真难想象这么可爱的小玩意儿，竟是一只很有生气的老虎。

老虎发威，却是要多萌有多萌。瞪着眼睛，挓挲着胡须，张着大嘴，露出两颗小虎牙。圆滚滚的身子，好似一只糯米团子，若不细看它头上的“王”字，还真难想象这么可爱的小玩意儿，竟是一只很有生气的老虎。

这招人喜爱的布老虎在博兴存在已久，在它身上，还有个源远流长的故事。据《山海经》记载，沧海之中，有一扇鬼门，鬼都由此进出，神荼、郁垒两兄弟力大无比，技艺高强，负责把守鬼门。门后的鬼路上有棵树枝弯曲伸展三千里的大桃树，为避免桃子成熟时被偷抢，两神将驯服山上的虎群命其管好桃树。桃子成熟了，果然有一群恶鬼冲上山来，企图争抢。兄弟俩便指挥群虎与恶鬼拼杀在一起，哥哥用桃木棍将鬼击倒，弟弟就用苇绳将鬼绑住，老虎再将其吃掉。恶鬼消失后，老虎的名气随之大震，被视为神兽，又因“虎”与“福”谐音，虎形器物就有了辟邪、赐福的含义。

百姓更是把虎看作儿童的保护神，虎头鞋、虎头帽、虎头枕，各种布老虎的小玩意儿层出不穷。

布老虎按用途可分为实用和供奉两类。实用的大多是虎头帽、虎头鞋等样式；供奉的主要是布艺老虎，多用来镇宅。按题材分类，大致可归纳为以下几类：第一，祈福纳祥、镇宅避祸，博兴百姓把能分善恶、惩恶扬善的布老虎置于堂上，以驱逐邪恶、迎来福瑞；第二，祝福儿孙、美满和睦，取“生龙活虎”“龙腾虎跃”之意，祝福儿孙茁壮成长；第三，反映爱情、寓意美好情感，双虎传情，别有情趣；第四，取材自民间故事、美丽传说，如财神赵公明所骑猛虎，祈盼得到福禄。

博兴布老虎造型憨态可掬，又不失威严。色彩艳丽，多以红、黄、绿三色为主，色块对比强烈，基调热烈明快，使得整个布老虎鲜明生动。

如今，经滨州市市级非物质文化遗产代表性传承人刘清华创新，布老虎颜色和样式更是有了很大的发展。小巧可爱的乖乖虎，色彩斑斓的五虎将，形象威严的镇宅虎，体形巨大的展示用虎……实乃居家旅行搞活动，撩妹卖萌娶媳妇必备之物。

怎么样，来到滨州，您要不要先来两只布老虎压压惊呢？

用个泥娃娃，拍了乾隆帝的“马屁”

✎ 侯雅文 📷 刘庆魁 苏子龙

若说能讨乾隆皇帝欢心的第一人，非和珅莫属，但还有一个人的“马屁”功力，竟能让和珅都自愧不如。他便是以奉公守法、清正廉洁闻名于世的大学士刘墉。一个高超的“马屁”绝不是简单的阿谀奉承，而是有着先抑后扬、润物细无声的巧劲儿。刘墉便会这一绝招，你若不信，且往下瞧……

皇帝的诞辰日称为“万寿节”，每年的“万寿节”，是清代最重要的喜庆节日之一，“普天同庆，天下大赦”。每到了皇帝的生日，百官献礼基本是跑了，这可是一年一度百官攀比、贿赂皇帝的好时节。献完了礼，皇上一高兴:“来人,赏黄金万两,赐限量止品黄马褂。”百官就“同乐”了。

相传，又逢一年乾隆皇帝生日，大臣们纷纷呈送奢华无比的金银玉器、珍玩奇巧。身为大学士的刘墉送去了河南张泥娃娃，这“扳不倒”的泥娃娃个头不大，五彩绘描，十分喜庆。滚的身子，碰之不倒，胖胖的脸蛋，杏仁眼柳梢眉，虽不名贵，样子十分讨巧。但皇帝看其他大臣送去的都是奇珍异宝，一番比较，勃然大怒，拿起泥娃娃想摔，却发现这个“扳不倒”泥娃娃背面写着“大清江山”，乾隆思考片刻，豁然明白了墉的用意，转怒为喜。

“大清江山扳不倒”，此寓意让乾隆皇帝十分受用。刘墉这一招既巧妙地拍了皇帝的“马屁”，又让皇帝觉得他不专爱财。

其实，刘墉以河南张泥娃娃作为贺礼的用意远不止这么简单。河南张泥娃娃之所以称为“河南张”是因为它出产于惠民县河南张村。在这，泥娃娃被看作福娃化身，象征多子多福。当地一直流传着一个故事，相传，过去河张村有一中年妇女，久婚未育，每年农历二月初二，她到五千米外的“皇姑庙”烧香拜佛。有一年，急于求子她将寺庙里的一个泥娃娃抱回家中，不久便有了身孕。此，“河南张泥娃娃”能求子的讲头便流传开来。

古人认为：皇帝多子多孙，国运才能繁荣昌盛。美好寓意加身，怎可不称之为一件用心用意的礼品？用个娃娃就拍了乾隆帝的“马屁”，恐怕也只有刘墉能办到了。

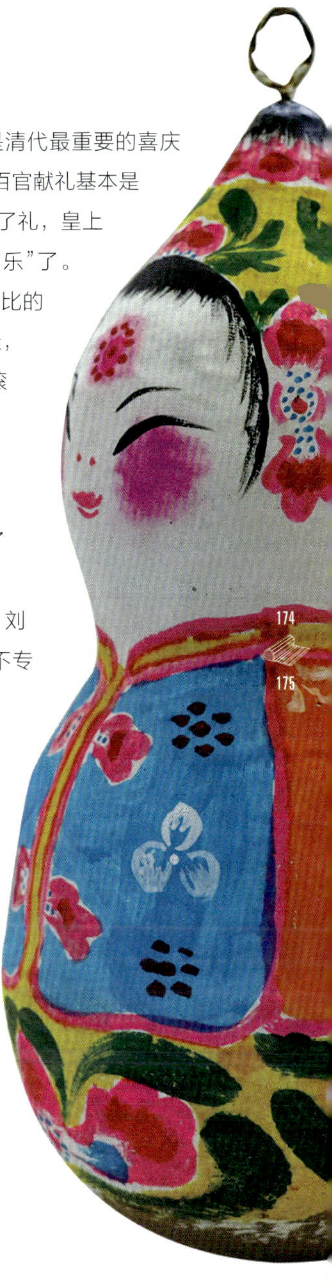

INFO

河南张泥娃娃

惠民县皂户李镇河南张村制作泥娃娃，距今已有六百多年的历史，2011年，被列入第三批国家级非物质文化遗产名录。河南张泥娃娃以黄河淤泥为原料，再掺入棉絮和面浆。制作有捣泥、制底座、糊纸、上泥浆、擦粉、上色、开眼等20多道工序。重在美化、渲染热烈的喜庆气氛，有“祈福、纳祥、求子”的寓意。

惠民县每年农历二月二都会在火把李村举行隆重的庙会，届时，河南张泥娃娃便是最突出的亮点，吸引众多国内外游客前往参观选购。

醉倒月河水，好一个老五甑

刘辉 晶
董乃德

月河是一条河，老五甑是一项酿酒工艺。月河老五甑酿酒是一个家族对一项传统老技艺六百余年的传承与保护，是邹平市杨寨村张氏家族世代相传的一份责任，更是一个关于坚守的故事……

明朝洪武年间，张氏一族从山西洪洞县迁至山东邹平月河畔的杨寨村定居。月河发源于兹山泉子崖，是一条古河道，纳南山之涧水，至见埠、柳泉一带合流，北至月河村北，曲流于黄山东南，如月半规，故名月河。张氏一族迁至此后发现月河水清冽纯净、甘甜可口，而这儿产出的小麦等作物颗粒饱满、营养丰富，于是便重拾从山西带来的酿酒技术，利用优质的高粱、小麦、大米和月河泉水酿造出了醇厚甘美的浓香型纯粮食酒。

周村旱码头鼎盛时期，这张氏家族的杨寨酒成为周村商贾宴请宾客、走亲访友的必备品。而那一时期，杨寨村有酿酒作坊七十多家，几乎是家家酿酒，户户飘香。也正是在那个时期，杨寨村酿酒技艺日臻成熟，形成了“精挑细选、人工制曲、繁

复精准、遵时循规”的老五甑酿酒工艺，并被张氏家族代代相传。后人有诗赞曰：“月河清泉酿琼浆，问君能有几回尝？美酒一杯提神智，方知杨寨是酒乡。”

这张氏家族是月河老五甑酿酒技艺的传承人，张氏家族的兴旺发达保证了杨寨村酒业得以不断传承，发扬光大。家族张延登是明万历二十年（1592 年）壬辰科进士，累官太仆寺卿，崇祯年间两任南京都察左、右都御史，当地人称其“张都堂”。张氏家族最为著名的人物是张延登的孙子、清初著名诗人张实居。张实居后来隐居邹平，寄情山水，赋诗作画。其家族后人注册的“翠竹”商标，就是引自张实居《长白竹枝词》中“一园绿竹胜潇湘”的诗句。

月河老五甑酿酒技艺的主要特点是“五层起窖，五甑蒸酒”。张氏家族及其后人世世代代坚守“纯粮固态发酵、传统工艺窖藏”的制作工艺，严格遵循数百年形成的“五层起窖、五甑蒸酒”技艺。采用多种有益微生物“单独培养、混合使用”的方法培育窖泥，使窖泥质量一代一代不断提高，促进了酒醅中微量成分的持续繁衍，真正拥有了“千年窖、万年糟”的独家酿造优质白酒的利器。白酒出锅后，坚持用传统酒海盛装窖藏老熟，使得酒体更加细腻、丰满、醇厚。

这一酿酒技艺从明洪武开始，一直流传至今从无间断。

美酒沉淀了岁月，香甜了人们的心愿。这六百余年的坚守是勤劳勇敢的张氏一族对老手艺的尊重，更是对生活的美好祝愿。醉倒在月河水里，只因那一盅老五甑酿成的绝世好酒啊！

INFO

月河老五甑酿酒技艺

月河老五甑酿酒技艺是山东省省级非物质文化遗产，由邹平市杨寨村张氏家族世代传承，是该地区独特的纯粮食酒酿造工艺，流传至今已有六百余年历史。月河老五甑酿酒技艺，坚守“纯粮固态发酵、传统工艺窖藏”制作工艺，严格遵循数百年形成的“精挑细选、人工制曲、繁复精准、遵时循规”的五层起窖、五甑蒸酒的技艺。采用多种有益微生物“单独培养、混合使用”的方法培育窖泥，使窖泥质量一代一代不断提高，促进了酒醅中微量成分的持续繁衍，真正拥有了“千年窖、万年糟”的独家酿造优质白酒的利器。白酒出锅后，坚持用传统酒海盛装窖藏老熟，使得酒体更加细腻、丰满、醇厚。

第六章

寻味寻味，寻找记忆里的古早味

一座古城，五味人生；

千种小吃，万般风情。

宜州

试水

滨州小吃的江湖

滨州制作酸浆豆腐的历史已有近千年，如今，老手艺人的手法还跟祖辈毫无二致。一斤豆浆制多少酸浆豆腐都是有数的，起早贪黑地忙碌，总共也只能制成方方正正的一板。

有人说：『要想了解一座城，先从味觉开始。』若是逛遍了一座城市，但却没尝试过地道的小吃，这趟旅行总是留有遗憾的。我是个爱美食的人，既尝过南方小吃的清鲜、甜、辣；也试过北方小吃的酱香、咸、酸，说我是一个游荡在小吃界的江湖客，真可谓恰到好处。机缘巧合，我得以一试滨州小吃的江湖。

初试水，便发现滨州的小吃，并不因其位于北方而以咸鲜见长，也不因其在渤海之滨、黄河之洲而以鱼虾为佐。它真正的魅力在于古朴与传承。滨州人从手到口，从口到心，用『饮食』延续着生命，同时也用『味道』传递着先辈们对生活的感知……

酸浆豆腐

滨州制作酸浆豆腐的历史已有近千年。

锅子饼

搭配一点芝麻油，才是地道的滨州味道。

千百年时光打磨，“豆”是美味

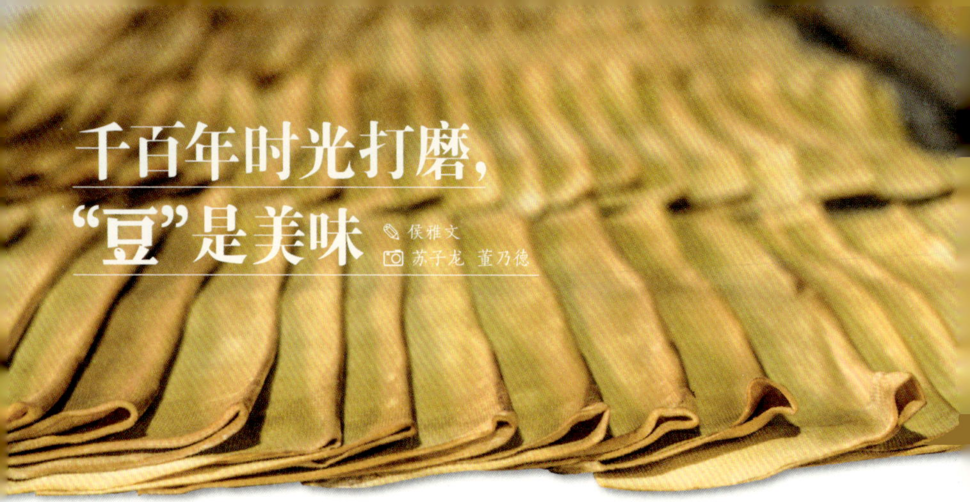

✎ 侯雅文
📷 苏子龙　董乃德

传承，哪怕在一颗小小的黄豆上也能得到淋漓尽致的体现。磨浆、煮浆、点浆，制作滨州酸浆豆腐的工序看似平淡无奇，其实内有玄机。点浆用的卤水，并不是市面上常见的盐卤与石膏，而是独有的“酸浆”。

所谓酸浆其实是豆腐制作过程中沥出的汁水，在适宜的温度下，由自身的乳酸菌作用自然发酵而成。由于酸浆出自豆腐本身，这样点成的豆腐，并不真“酸”，反而豆香清醇，质感上也多了一丝微妙的弹性，味道甚妙。

滨州制作酸浆豆腐的历史已有近千年，如今，老手艺人的手法还跟祖先毫无二致。一斤豆浆制多少酸浆豆腐都是有数的，起早贪黑地忙碌，总的也只能制成方方正正的一板。热气腾腾的豆腐出锅没一会儿，便被分抢一空，老店家也只能无奈地吆喝一声：“没了，没了，想吃明天趁早吧！”

说起豆制美味，除了酸浆豆腐，杜桥豆腐皮也属一绝。被压制得紧且薄的豆腐皮韧性十足。横刀切丝，揉以细盐，与香葱香菜为伴，下香油数滴，米醋少许即可为食，滋味嘛，可谓“一箸入口，三春不忘”。

杜桥豆腐皮虽不像酸浆豆腐有千年历史，但也已经传承了百年。据传，清朝末年，惠民县清河镇杜桥村有杜氏三兄弟，三弟行侠仗义惹怒了恶霸，因怕连累家人，便只身流落天津。机缘巧合，他进入豆制品厂做学徒，苦学三年终有所成，便将手艺带回了故乡，从此，这一手艺便落地生根，代代传承。

由于酸浆出自豆腐本身，这样点成的豆腐，并不真“酸”，反而豆香清醇，质感上也多了一丝弹性，味道甚妙。

在滨州，别提“饿”这回事

✎ 侯雅文 📷 苏子龙

在滨州，“饿”是件小事。花开遍地的美食小店，随便一家都能让人一饱口腹之欲。对于我来说，虽是果腹也不能粗糙，一份鲜香软嫩的锅子饼，才是最好的选择。烙制的薄能透光的水晶单饼，包裹豆腐、黄瓜、虾仁、鸡蛋等多种馅料，再刷上一层淡淡的芝麻香油。一口咬下去，香得似乎口水和菜汁都溢了出来。要是这时再来上一碗老豆腐，就更加圆满了！

想要做好一份锅子饼，首先单饼要好。一斤面粉做八张饼，分量刚好。将盘子大小的薄饼在锅里烙至微微发黄时就得迅速取出，这样才能锁住饼中的水分，保留柔韧的口感。还要搭配一点芝麻油，才是地道的滨州味道。

无论你走多远，
记忆中故乡的味道永远熟悉而顽固。

这样制成的薄饼，馅料反倒变成了配角。从大鱼大肉，到家常小菜，薄饼似乎可以包裹一切，馅料满满，心意也足。对地道的滨州人来说，无论馅料如何丰富，都要在炒制时再撒入一个新鲜鸡蛋。一方面，鸡蛋的鲜嫩与芝麻油醇香的完美碰撞才能激发上乘的口感；另一方面是为了更加营养与健康。

同样是果腹的面食，在距离滨州市城区 60 千米的惠民县，还有着另一种解读。在惠民，当游子离开家乡的时候，母亲总会递来几个包好的马蹄烧饼。对于不善言辞的母亲而言，这便是她牵挂与祝愿的表达。

马蹄烧饼形如马蹄，吊炉烘制，热时外酥里嫩、入口喷香，凉时韧性十足、口感微甜。借助烘焙与风干，马蹄烧饼的存放期被有效延长，即使是去往再远的地方，也能将它带在身边。

千百年来，食物就这样随着人们的脚步，不停迁徙，不断变化，但无论你走多远，记忆中故乡的味道永远熟悉而顽固。如今，锅子饼已被列入第三批山东省省级非物质文化遗产名录，马蹄烧饼的制作手艺已被列入滨州市市级非物质文化遗产名录，得到传承与保护。它们将带着滨州人的心意永远流传……

手打的甜蜜

✎ 侯雅文 📷 刘玉彩

在几乎传统手工甜点都被放到了工业化流水线上的今天，滨州手艺人依然在年复一年地重复着手作的工艺。滨州芝麻酥糖，这种依然采用传统工艺制作的糖果，仍然保留着百年前的古朴滋味。

不同于老北京龙须酥的酥，也区别于江苏酥糖的甜，滨州酥糖将芝麻的效用发挥到了极致，还未入口便能闻到它的原始香气。

滨州芝麻酥糖，一块就有一指见长。白色的糖丝丝丝缠绕，轻轻地将黑灰色的芝麻粉包裹怀中。捏取糖块的指尖稍一用力，丝丝缕缕便顺着手指落了下来，此时若再稍用些力，恐怕吃进嘴里的只能是“糖粉”了。糖块入口即化，接着一阵芝麻浓香馥郁，顺着鼻腔蔓延、

盘旋，几秒钟后甜意才缓缓渗出。清甜与芝麻香缠绕，一时间也分不清到底谁是谁，仿若它们本身就是一体。

制作酥糖不是件容易的事，熬糖温度要高，拉糖温度要趁80摄氏度，定型、储存则要低温。只温度一项就难以把握，还要将重达数斤的糖浆反复抻拉，直至变成奶白色。然后切成小块糖坯，在芝麻锅里反复旋转拉丝儿，随翻随沾芝麻，每块均匀拉丝十余圈，一颗糖拉丝两千余根，根根沾着芝麻粉。

如此手作工艺，似乎也只有在这座城市里才能被完美地诠释。必不省人工，必不减原料，入口点点滴滴展现生活的美好滋味，这才是真正的滨州小吃江湖……

吃烧鸡，做美人，一样都不能少

✎ 侯雅文 📷 苏子龙

美食家蔡澜曾对怎样才算美女作出这样的定义：爱美的实属难得，加上爱吃更是无敌。

此话深得我心。爱美的女人赏心悦目，而爱吃的女人则懂得享受生活。你看像我，从来就不在乎那些“瘦身美”的号召。尤其是要我放弃我们滨州的各种烧鸡，就只能高呼：“臣妾做不到啊！”

大山烧鸡、魏集烧鸡、傅家烧鸡……这么多烧鸡将我团团围住，叫我怎么割舍得下？

饥肠辘辘时，那油滋滋的一口，焦香扑鼻，啥叫吮指回味，啥叫一口难忘，全藏在这烧鸡里。

爱吃鸡的人都晓得，寻常烧鸡最好吃的部位莫过于鸡翅，鸡翅因肉质细嫩且肉块儿较小最是入味。但滨州的烧鸡，每一口都是美味。大山烧鸡先浸泡卤煮，后白糖烘烤上色，将汤汁像密封袋一般牢牢地锁在鸡肉里，因此原本最难入味的鸡胸肉却成了卤汁最好的栖息地。

魏集烧鸡则与之相反，先过油再经煮、浆，酱汁从外渗透到内又不损鸡肉紧实，将鸡肉的醇香展现得淋漓尽致。而傅家烧鸡的特色在于经老汤卤煮的鸡必须再经火炙烤。严格把控火候使之恰到好处，才能使烧鸡色香味俱全。吃时用手一抖，骨肉即可分离，无论凉热，食之均唇齿留香。

滨州烧鸡的美妙，正在于丝丝缕缕的肌理瘦而不柴，以及略带嚼劲的口感，一时间让人产生某种错觉：“我吃的并不是肉吧？”未待反应过来，烧鸡中所包含的酱料的香味已占据着整个口腔。

这样美味的烧鸡，令人在迅速吞入腹中的同时，就已经开始后悔先前的冲动，渴望再次经历美味带来的感动，于是一块接一块，一口接一口……

人生短短数十载，既要自己精彩，更要生活精彩。缺乏美食点缀的生活终究乏味，不如"嗨吃"来得痛快。

寻一个闲暇的午后，一只烧鸡，一罐啤酒，一段惬意的生活。

INFO

无棣大山烧鸡

大山烧鸡，起源于无棣县碣石山镇(原大山镇)，是颇具地方风味的滨州特产之一，因其"肉嫩味鲜，外酥内软，色泽鲜艳，风味独特"而香飘京津冀鲁。

据民间传说，大山烧鸡已有三百多年历史。明朝神宗皇帝非常喜欢吃鸡，内侍大臣为讨好他，摆下擂台，召集民间做鸡高手进行御厨大赛，通过七天的较量，大山镇的邢有才以他做的烧鸡味美、肉嫩、色泽鲜亮脱颖而出，夺得此次擂台赛的第一名，被招进皇宫封为御厨。后来，邢御厨告老还乡，把手艺传给了他的后代，并一代代传承下来。

惠民魏集烧鸡

魏集烧鸡，又名"肴鸡"，据传至今已有160年历史，因产地魏集镇魏集村而得名。其独特的色、香、味和良好口感深受人们喜爱。魏集烧鸡采用二十几味名贵中药制作而成。成品颜色呈黑红色或金黄色，肉烂易脱骨，散发着淡淡的中药清香。

18味中草药，熬一锅魏集驴肉

郭锦涛

灯光如豆，尽管那盏破旧煤油灯顶着的火苗一跳一跳地显得颇有生命力的样子，但依然不能将整间屋子照得亮堂。亮光集中在砖石垒成的灶台附近，因为常年的使用，灶台里面已经被熏得黢黑。

灶台上蹾着一口大铁锅，锅里咕嘟咕嘟地熬煮着，时而散发着苦涩药香，时而又散发出一阵诱人的驴肉香气。这香味不似寻常炖肉，竟不带半点油腻。

灶旁，一位老师傅翻看锅中的肉，细

细闻着、查着，生怕哪一个环节出了纰漏。灶下，不大的娃儿一边拉着风箱，一边奶声奶气地问：“爷爷，咱家这驴肉咋要熬这么久啊？”

老师傅笑眯眯地看着自己的小孙儿，答：“这驴肉啊，越煮越香，你闻闻香不？”“香！”娃儿巴巴地望着锅里的肉块儿，心想出了锅自己定要先吃上一块。老师傅笑呵呵地看着孙儿的馋样儿，搬张小木板凳坐在灶台旁，继续看着那一锅正在熬煮的驴肉。

小孩子毕竟耐性差，熬不住就睡过去了。等醒来时，天已经大亮，昨晚心心念念的驴肉已被码放到簸箩里准备去卖掉，可惜自己还未来得及尝上一口。本想着发上一顿脾气闹上一闹，可想到卖了驴肉的钱能换些糖吃也是不错，便又欢天喜地地随着家人卖驴肉去了。

穿街走巷，寻着香味来买驴肉的人真不少，只半天，一簸箩的驴肉便见了底。老师傅捏起簸箩里剩的碎肉块抿到小孩子嘴里。入口的驴肉肉质绵软，醇香悠长，娃儿吧唧吧唧嘴，嚷着还要再吃。老师傅笑骂道：“你这小子倒是会吃。将来你不仅得会吃，还得会做才行！”

戏言成真。这熬驴肉的手艺，代代相传，传到如今已经一百余年，这驴肉也有了自己的名字“魏集驴肉”，还成了惠民县历史悠久、经久不衰的特产名吃。

炖煮魏集驴肉需得百年老汤，再配上十八味秘方中草药。药方剂量适度，配搭讲究，有的添香味，有的去腥膻。急火攻煮三小时，视肉肥瘦采取“除油”或“添油”的措施：肉肥则从汤中除油，肉瘦则添加老汤或油料，始终将肉与油的比例控制在一定范围内。这时，汤中仅剩一层薄油罩住热气不使其蒸腾，再将肉压入汤内，改用文火焖煮四五个小时。

这样炖煮的驴肉，出锅必是香气扑鼻，美味异常。相传，清同治十二年（1873年），魏氏驴肉曾作为贡品被送至京城皇宫，同治皇帝食之龙颜大悦，将其钦点为御用膳食。

“天上龙肉，地上驴肉”，你若是行至惠民，可千万要记得尝尝这人间美味。

秋风十里，不及河畔牛羊肉

✎ 侯雅文

公元前607年，郑国受命于楚进攻宋国，宋国命名将华元迎击。

临战前，华元大熬羊肉汤犒师，军中人人有份儿。不料，在分发羊肉汤的过程中出了疏漏，偏偏把自己的车夫羊斟给忘了。翌日，两军正酣战时，那羊斟突然鞭子一扬，直接把华元的马车往郑营赶。华元大惊："你疯了？那是敌营！"没想羊斟狞笑着对华元说："昨天分羊肉，你说了算，今天驾战车，我说了算！"

每次读到《左传》里这段奇趣情节，我总是忍不住哧笑出声，这个羊斟真乃一妙人也——期待了这么久的羊肉竟然没吃到嘴里，失望之余，转念一想又觉不对，这不是因为自己馋，是华元不公啊！思来想去想出了这么个好笑又阴损的招儿。看着华元被俘，宋军大败，羊斟才算真正出了一口"恶气"。

羊斟的结局后人不得而知。但我猜，他一定吃上了那一口心心念念的羊肉吧，毕竟羊肉的魅力无穷大，费尽心思也得吃上一口。

滨州牛羊肉可谓一绝，假若故事发生在这里，实不足为奇。不拘是黑山羊、白山羊还是小绵羊，饮着甘甜河水，嚼着青青牧草，肉质细嫩自然也就不足为奇。

汪曾祺先生曾说："羊肉要秋天吃才好，大概要到阴历九月，羊才上膘，才肥。羊上了膘，人才可以去'贴'。"我深以为然，深秋是贴秋膘的最好时节，此时的羊肉细腻肥美，是滋补美食的首选。若此时来滨州定可大饱口福。

且不说红油烈火、热辣翻滚的火锅涮羊肉，单说一碗"一清二白"的小羊汤，也能把你的胃"烫慰"得服服帖帖。奶白色的汤汁从大锅里舀出，浇到极薄的羊肉片上，再潇洒地撒上一把香菜末，盈室的异香扑面而来，深秋的寒意顿时消散，再尝羊肉丰腴滑润，果然不负盛名。

俗话说"一方水土养一方人"，畜牧养殖业也是同理。滨州地处河海之滨，水草丰美，其实不止羊肉，滨州牛肉也十分美味，尤其是当地特有的被誉为"黑金刚"的渤海黑牛。黑牛肉的脂肪呈网状均匀分布，形成大理石斑纹似的肌理，肉质十分细嫩，叫人一吃难忘。它是在日本、韩国等国家和我国香港地区深受喜爱的食用肉类。

如今若是想吃肉解馋，补贴秋膘，不必百觅千寻费尽心思，去渤海之滨、黄河之洲，美食便尽数可得。

说一说大滨州的『小海鲜』

大宝

《道德经》中所写“治大国，若烹小鲜”，有多种解读。其中一种解读是，治理大国，就像烹饪小鱼虾一般，火候和佐料的配比都要恰到好处。治国大事我不懂，但要说到烹饪，不免就要“评头论足”一番。

在美食家看来，无论河鲜还是海鲜，落脚总在一个“鲜”字上。那如何保鲜呢？即减少烹调工序与佐料，细细品尝，才能品出纯鲜滋味。在我看来，清蒸清炖固然是保鲜极好的方式，但其他烹调方式也未必不佳。

偶有一次去滨州，别的没做，倒是把鱼虾吃了个痛快。位于渤海之滨、黄河之洲的滨州是鱼虾的富产之地，无论是河鲜还是海鲜皆唾手可得。不仅如此，无论你在滨州的哪一家餐馆吃饭，老板总是把分量给得足足的。比如一份辣炒文蛤，两人吃有余，三人吃正好。

滨州是全国三大文蛤产区之一，出产的文蛤肉质十分肥美，不拘泥于做法，无论煎、炒、烹、烩，各俱佳味。我最爱的还是辣炒，这种火爆的做法总能让我食指大动。除此之外香辣梭子蟹、油爆对虾、椒盐琵琶虾，都是到了滨州不可错过的海产美食。乍一听菜品名，浓油赤酱毫无鲜意，有暴殄天物之疑，但若是亲口尝过，一定会不住口地赞它味绝。

但要说最绝的，还属滨州河鲜的吃法。起初以为滨州当地友人说请我吃“鱼羊汤”只是句玩笑话。虽然知道滨州出产的鱼虾、羊肉极好，但，凡鱼有腥，是羊带膻，想要把两者融合做成一个“鲜”字绝非易事。

开席前，店家先把一个家用单座灶端上桌，我不免怀疑一个汤还需要这么大阵仗？话未出口，只见一个直径约半米的砂锅便被抬了上来。毫不夸张地说，那是我至今为止见过的最大的砂锅。

点着燃气灶，锅内奶白色的浓汤逐渐涌动、翻滚，使得汤中鱼肉、羊肉时隐时现，房间内也开始逐渐弥漫着一种诱人的香味。在嗅觉的驱使下，我大胆一尝，果然味道极鲜！而且越品越香，不觉两三碗下肚，旁的菜是再也吃不下了。

席间友人问我味道怎样，我拍了拍圆滚滚的

肚皮大声道了句：“好！”没想到，他却说滨州还有河鲜美食——干炸黄河刀鱼。古有李渔嗜刀鱼，以致“至果腹而犹不能释手也”，只可惜今天我已“满载而归”，下次来滨州绝不会错过。

滨州一行，顿觉烹饪小鲜的关窍不是制作方法简略，而在于因材制宜，充分激发鱼虾的鲜味。巧妙地搭配制作方法，亦可使食材出现不同寻常的鲜美滋味。人们的创意促成了食材与食材的相逢，而美味便是它们所给予的回馈。一虾一鱼，一贝一蟹，挖掘它们的无限滋味，才是食客们不断探寻的最终秘境。

菜肉离心，唇齿留香

慕文

每次去博兴的乔庄镇，总会被一种味道吸引。那种沉沉的木香、暖暖的麦香，混着浓浓的肉香的味道，轻缓地荡漾在大街小巷。

香味的源头在一间小小的水煎包店，偶然路过的外地人很难看出它和一般的小吃店有什么区别。简单的“水煎包”招牌，一米见方的灶台，一人抱不过来的大铁锅。这家不起眼的小店门前却排起长长的队伍，排队的人们望眼欲穿地等待着锅中的美食。

一阵水汽氤氲缭绕过后，炉盖被缓缓揭开，等待的人群纷纷向前望去，担心错过了与美味相遇的最佳时机。刚出炉的水煎包被三三两两地分装到洁白的瓷盘中，似有若无的韭香混着浓郁的肉香，诱惑着在场每一位食客。一闻，鲜香入鼻；一咬，汤汁四溢；再闻，香气浓郁；再咬，肉粒弹嫩……底面的焦脆皮最是奇妙，一半焦酥，一半松软，只一口就有不同感受。

煎包屡见不鲜，但乔庄水煎包能自成一派，其中存有“关窍”。它从馅料到煎制都有讲究，包时要先放韭叶段，韭叶之上覆盖一层猪肉馅，这样在煎制时肉汁与菜汁相互浸润，既增香又提鲜。拳头大小的包子，不似天津狗不理一般十八个褶一一捏合，而是粗犷攥合，如此才能保证满满的馅料被完全包裹。

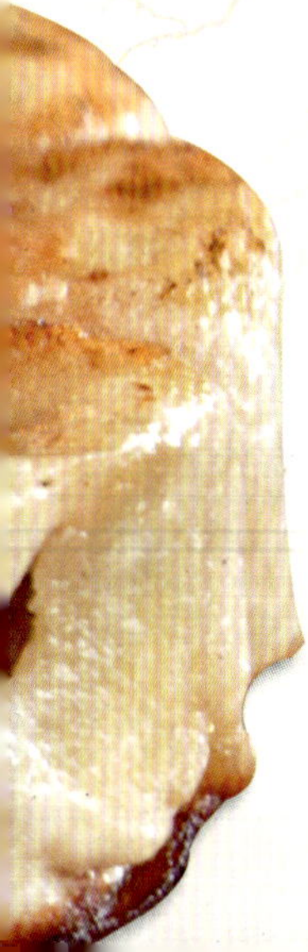

老一辈的手艺人制作煎包必选用木柴取火，火候全靠经验掌握。也只有木柴取火才能在水煎包上留下一缕淡淡的木香。“闲云潭影日悠悠，物换星移几度秋。”不知不觉间，这小小的水煎包已在博兴人的生活中留存了近百年。起初，只是一人绝技，到后来口口相传，传承者遍布滨州、不计其数。

如同一千个人眼中就有一千个哈姆雷特一样，每一位厨师所做的水煎包口感都会有些许差异，然而淳朴率直的滨州人制作水煎包的诚心诚意却永不会变。不知不觉中，滨州人也将做人的坦诚品质注入美食当中，传遍了齐鲁大地……

小样儿！化成粉我也认识你

李颖

说到吃，每个人心中都有一份食谱。天南海北的食客碰到一块儿，各自的选择都能说得头头是道。但在北方无一例外，到了冬大都爱吃个炖粉皮，热气腾腾的大海碗里盛着满满炖菜，晶莹剔透的粉皮软软的，泛着油花的汤汁在盘子里荡来荡去。全家人围坐一起，享受着一天辛劳过后难得的团圆时刻。

粉皮一旦沾上了汤汁就会变得溜滑，用筷子十分难夹。好不容易夹起，入口要快准狠，“嗞溜”一下吸进嘴里。粉皮筋道软滑，带着微微咸甜的汤汁，入口别提多美味了。

粉皮的制作全国各地都有，但若在山东境内，滨州博兴粉皮堪称一绝。以地瓜淀粉做糊，晾干后透薄如纸、质地匀称，泡开后纯净光亮，洁白透明，柔软中自带韧劲。

博兴人制作粉皮很讲究，雨天不可，阴天不可，晴天微风也不可，只有晴朗无风的天气才可以制作。并不是人们懒怠，而是天气对粉皮的质量影响极大。村里的人们大都在自家院子里制作、晾晒粉皮，风会带来少许的沙粒，既不卫生也影响口感。

择一日好天，和出一锅淀粉糊，不浓不淡，不稀不稠，挽起衣袖，拿起旋子，把和好的淀粉糊快速地舀上一勺，放在锅里两手使劲一转。旋子在沸腾的水面上飞转须臾，刚才还是白色的粉浆，片刻就变成了晶莹剔透的琥珀色。取出后迅速浸入到冷水中，将粉皮和旋子分离，再晾晒到竹篾编成的帘子上。这样制成的粉皮光泽如镜、透薄如纸，不用入口，单看便知这是博兴的粉皮。晾干后的粉皮，即食即泡，凉拌也可，炒炖更佳，若是有贵客临门，必得上桌。

其实，博兴人制作粉皮的历史并不久远，但这里的人们却能把简单的工序做到极致，小到选材，大到手艺，功到自然成，制作出的食物也自然美味。汇以匠心制作而成的博兴粉皮，怎能不让人一尝就难忘？

INFO

博兴粉皮

博兴粉皮盛产于滨州市博兴县店子镇的张侯、九台等村庄，以红薯为原料，精工细作而成，特点是薄而透明，耐煮耐炖，是凉拌、烹炒和做汤之佳品。

味蕾之上，春光乍泄

✎ 侯雅文 📷 董乃德

阳春三月，午后的一场小雨，像是洗去了一冬的沉寂，告诉人们：春天来了……

邹平地域虽小，但春来的势头却是足的。风轻日暖，绽放了千树万树的梨花、杏花；春江水缓，染绿了阡陌纵横的田野；细雨绵绵，浸润了山间竹林的笋芽。此时来邹平，有福的不止眼睛，还有味蕾。

水灵灵、鲜嫩嫩的春菜初长成，络绎纷呈，似乎只有把那新鲜脆嫩的春鲜包成馅料一口咬下，才能真正尝到春的滋味。

寻常包子味虽美，但总缺少些春天的情调与诗意。邹平独有的纸皮包子，面皮薄如蝉翼，远看上去通体圆润雪白，近看却隐约透出韭菜的翠绿、胡萝卜的橙红、蛋花的米黄、粉条的晶莹……将这满目的春色“收入囊中”。

邹平纸皮包子面皮虽薄至透光，却是或煎或蒸皆可的。以长山山药泥与蛋清和面，赋予面皮独特的韧性，煎之酥脆，蒸之软嫩，口感各有不同。馅料其实也不拘于鲜蔬，只是若能吃个应季应景的馅料更好。

INFO

邹平纸皮包子

邹平纸皮包子是源于明集镇高家村的一道邹平特色美食，距今已有三百余年历史。相传，清朝乾隆办宫廷“千叟宴”，就有纸皮包子。纸皮包子30克的包子皮要容纳90克的馅料，可称得上“皮薄如蝉翼”，而且口感筋道，馅多味美，堪称美味佳品。

想吃纸皮包子一定要“等得”。纸皮包子制作工艺复杂细腻，包制时要求皮薄而匀称，透光却不漏馅料，故而制作时间久。上桌后也不可心急，小口细品，方能尝出馅料美味。若是一不小心“春光乍泄”，只能搓手嗟叹，悔当初心急火燎。

缤纷的色彩从小口中一点一点流出，春天的气息便盈溢满室。肉馅的鲜美，素馅的清香，丝丝鲜味撩人。无论午膳还是晚餐，来几个纸皮包子，最是邹平诗意的吃食，吃到了春鲜，也赶走了早春微雨的最后一丝寒凉。

撇完油的大骨头，才敢称帝王

✎王爽 📷常存

一座城市的小吃，一般藏在街头巷尾中，又常见于普罗大众的餐桌上。它们大多“貌不惊人”，外地人看不透这背后的原委，本地人却是一顿不吃便觉得少了点啥。它更成为离乡在外的游子们，最念念不忘的存在。

像这滨州的帝王大骨头，来滨州出差几日，总听人提起，让我也不免对这传说中的大骨头增添了几分好奇，遂决定去亲自品尝。

我走进了一间不起眼的小铺，初尝了这大骨头的美味。店铺虽小，这大骨头的吃法却地道、讲究得很。食用手套、吸管、汤勺、一碗大骨头，齐了，您且享用吧！

看着这碗中耸立着的几块大骨头，着实不知该从何处下手，吸管是做何用，更是一头雾水。一旁的食客看穿了我的窘迫，告诉我，这吸管是用来吸食骨髓的。帝王大骨头不单单鲜在汤、嫩在肉，还妙在骨髓。

大骨头一上桌，足足的分量，让食量小的姑娘不自觉正襟危坐。其实，且敞开怀吃，这大骨头慢火久炖，味美肉嫩，不柴不腻，汤汁浓醇，咸淡适中，营养又进补。

聊起这大骨头的做法，都不用店家亲自出马，当地食客便能侃侃而谈且头头是道。大骨头的选材是筒骨，筒骨又名猪大骨，两头大，中间有洞，富含骨髓、骨胶原蛋白，是煲汤的最优质骨头。熬制时不添加过多佐料，尽量保证骨头本身的味道，久煮慢炖，加入适量食盐，将油脂撇净。食用时，啃完骨头、吸完骨髓，再配上一碗米饭和丸子汤，便是健康又味美的一餐。

小吃，外地人吃的是乐趣，品的是好奇；当地人吃的是生活，品的是日子。对我这个异乡人来讲，大骨头是尝了个新鲜劲，而对于滨州人来说，这大骨头更多的是一种味道和一份情怀。从老街巷到新街道，无论世事如何，这骨头依旧是久煮慢炖的美味，忘不了也急不得。

藕遇

✎ 慕文

滨州的秋天，天空湛蓝，偶有几朵白云闲适地飘在天上。此时，郊外的景色是最美的。成行的银杏树被秋风染得黄灿灿的，阳光透过枝丫细细撒落，看得人心里暖暖的。河边的芦苇丛已有半人高，有密有疏，浅驼色的芦花时而静默时而曼舞。

沿着小清河北堤一路驱车，来到麻大湖畔。一路秋色赏不尽，到了湖畔，却让我们有些失望。湖面上香荷已残，莲叶凋落，只剩下远处的簇簇苇丛和眼前的一叶扁舟无聊地荡来荡去，虽别有野趣，但也算不上是秋天的佳景。心里不免对那个带路的人有些抱怨。

没想到带路者却不以为意，反倒嘲笑我们是俗人，不解风雅。他边说着，边把我们领到了一处临湖的饭庄。我们打趣他：“没带我们赏到美景，想用一顿饭收买我们？”

没一会儿，几个菜就上了桌。其中有一盘白莲藕其貌不扬，却被吃了个精光。说起来菜的做法没什么特别，就是一道家常凉拌藕片。除佐以姜末、香醋外再无其他，

只是这藕脆嫩甜爽、多汁无渣，十分清口。

我吃过不少的“名藕”。苏州的荷藕，色白如雪，细腻脆嫩，堪当韩愈“冷比霜雪甘比蜜，一片入口沉疴痊”之赞；湖南的白臂藕，粗壮如臂，入口脆甜；广西贵港的大红莲藕，熟食绵软，生吃犹甜。今天这藕，食之味美，余香绕舌，位居“名藕”之列也毫不逊色。

“这藕怎么样？”“嗯，不错，可以称得上上品。”刚刚“犯错”的人这会儿却教训起我们来：“刚刚吃的正是这麻大湖中产的藕。你们只想着眼前的景美不美，却不知美景只是前菜，真正的好东西都在后面呢。”我一时语塞，细想来还真是如此。

几乎所有的作物，都要经历生根、发芽、开花、结果的轮回，一个阶段结束，才能开启下一段奇妙的旅程。经过漫长等待而获得的食物，总蕴含着一种不为人知的魔力。每一次咀嚼就像是一次回味，回味它所经历的一切美好。

记忆里，老街上，那碗老豆腐

小雪

小时候，家附近有个卖老豆腐的老大爷叫冯老三，大高个儿，穿着个蓝背心，系着个不算白的大围裙，雷打不动天天推着个小推车，操着沙哑的嗓音走街串巷叫卖“老豆腐”。那一个“老”字被他压得重重的，仿佛只有那种绵长的声调，才能把老豆腐的地道劲儿传递出来。

他做的老豆腐很地道——柔滑顺溜的豆腐，喷香黏嘴的麻汁，黑酱油、白葱花、绿韭花的精妙搭配，吃一勺就香满口。这对小时候的我来说真是极致的美味，经常早上吃一份冯老三老豆腐，中午又去买一份，天天把老豆腐当主菜。坐在街边摊头的矮脚小凳上，要一碗老豆腐，配个烧饼，便是一顿好饭。

吃的时候舍不得用小勺把整碗老豆腐都扒碎了，只一层一层撇着吃。边吃边奇怪，明明是嫩得抓不住的“嫩豆腐”，为何要叫“老豆腐”？

难不成因为“年岁老”？还是因为“老好吃”？总想问老大爷一声，也终究没有开口，因此至今我仍不知这“老”因何缘故。

后来，不知道什么时候起，老大爷再也不路过我家门口。再后来，我也搬了家，那一口心心念念的老豆腐再也找不见了……

多年以后，一次回家偶然发现我家楼下开了一家冯老三老豆腐店。悠悠散发的芝麻酱的香气温馨又熟悉，不知不觉将我引入店中。

“要几碗？”

“一碗。”

“香菜、蒜、辣椒？”

“都要，再来个烧饼……”

熟悉的对话过后，老板熟练操作，三勺麻汁两勺酱油一勺香菜填入碗中，“好了，你的。”

我接过盛着老豆腐的陶瓷碗，拿了板凳坐在小铁桌前，耳边不断响起问询的声音，仿佛这么多年的时光都没走，老豆腐还是原来的老豆腐，问询的人还是老大爷，我也还是小时候的我……此时我才顿然发现，不是老豆腐“老”，而是吃豆腐的人越来越“老”了啊。

陌上花开，可缓缓归矣

第七章

我向往一种生活：
冬日，煮一壶雪待春来；
春来，乡间万物始盛开。
昨夜星辰，和衣睡去，不理朝夕；
今日艳阳，梦醒折花，独自相思。
城市里无处安放身心，就去乡村吧。

拜窑神，听戏曲，让我醉在这古风乡情里

✎ 王爽 📷 赵利军 中共滨州市委宣传部

INFO

西纸坊·黄河古村度假区

西纸坊·黄河古村度假区，位于滨州经济技术开发区里则街道西纸坊村，以田园、湿地为基础，集合特色高台民宿和柴烧古窑，展现浓郁的鲁北乡村魅力和黄河古渡风情，还有传统工坊、亲子乐园、花田及黄河绿道，是一处碧水环绕又极具黄河文化底蕴的旅游度假宝地。

地 经济技术开发区里则街道西纸坊·黄河古村

📞 0543-3113388

$ 60元

夜幕徐徐落下，站在 19 楼的办公室望向生活的这座城市，满目尽是灯影迷离；迎着干冷的风在公交车站等车，末班的车厢总是稍显空旷，搭乘的人皆是倦怠的容颜。在好多个夜晚，同一时刻，同一班车，似乎也是同一群乘客，我的脑海里总是回荡着那句：城市里的夜归人，皆是迷失灵魂的流浪汉。

“当人们终日慌张、匆忙，被城市的桎梏刺痛坚硬神经的深处时，会发生什么？

逃离。

当环境周遭，一切都被聒噪和繁杂所充斥，无处安放心事和秘密时，你该去向何方？

村落。”

这是一档村落纪录片的宣传语，我习惯在下班的公车上看这部纪录片。从大兴安岭的驯鹿村到台湾的小岛，从神的自留地禾木到天空之城木梨硔……从初春走向盛夏，从深秋走到寒冬，在摇晃的公车上，我那颗蠢蠢欲动的心仿佛再也抑制不住了。

到西纸坊黄河古村的那日，正值初冬。

被薄雾笼罩的古村，鲜有游客。虽不是草木皆绿的初春，亦不是花香正浓的盛夏，没赶上百亩花田，也没看成民俗表演，只是在这古村中闲逛行走，我便体会到了惬意悠闲，一草一木，心之归处。

冬日的清冷，西纸坊少了一分繁华与欢脱，多了一分别样的美。像是从时光深处走来，一路繁盛一路苍凉，过去的是历史，留下的是韵味，它不疾不徐、遗世而独立的气质尽显。

地处黄河滩的西纸坊，青砖立柱，土坯砖墙。午时，炊烟袅袅，一树一别院。有人居住的村落才不是一座空城，才是活着的，有情感的，会呼吸的。八十岁高龄的爷爷还住在旧村守着那幢老房子，种种菜养养狗。旧屋与老人一同讲述着浓郁的鲁北乡村魅力与黄河古渡风情。

七座千年柴烧古窑，诉说着齐文化的兴衰。瓷器如人，每件陶瓷都有着自己的性格，釉色不同，气质便也各异。釉彩纹饰，升窑点火，一场人与窑的对话，浑厚且古朴。

只有心灵是自由的，路上看到的风景才是宁静的；只有风景是宜人的，心灵也才是澄澈的。

此行洗涤了疲惫且污浊的心灵，是一趟治愈的村落之旅，也留下了些许的遗憾，他日再访，定要选在盛夏，赏百亩花田，住高台民宿，体味传统作坊，观看民艺民俗。

住在黄河古村，住在特别的地儿

✎ 王爽　📷 刘玉彩

时光，黄泥墙壁粉尘脱落，笨重木门油漆斑驳；回首，夏日酷暑挥锄破土，黄河汗水一同和泥。

是夜，觅食的家雀都已归巢，只剩一盏昏黄的灯，还有那只慵懒地趴在门前的老黄狗。

轻声，不要惊扰沉睡的老屋，不要打碎归家人的梦；推门，屋外土墙木窗，屋内古风旧情……

你问我说的是哪？

我说的便是西纸坊黄河古村的高台民宿。

在我们父辈的记忆里总有一间老屋，翻开记忆的影集，总有一张在老屋前拍的全家福。逢年过节，亲朋相聚，三杯小酒下肚，长辈们总免不了念叨几遍。念叨久了，日子长了，我便懂了，父辈念念不忘的，是乡情。

乍看是老屋，细品有风情。搭建者都是乡里的老手艺人，泥是黄河淤泥，掺杂麦秸和成土坯，墙体就建好了。百姓手编苇板铺顶，红瓦木门，修旧如昨。传统土坯房里浸透着劳动人民的汗水，也传承着没赶上呼啸前行的时代列车的老手艺。

民宿

屋外看是土墙木窗的老房子，屋内瞧是恬淡安宁的古风情。古风古色的装修风格配以现代化的生活用具，高端民宿的精致感顿时扑面而来。传统的浑厚气质与现代民宿的碰撞，丝毫不显突兀，只给人以舒适感。

说到这，你一定产生了浓厚的兴趣，也有着些许的小疑惑。这乡村民宿为什么要叫高台民宿呢?

这高台民宿的命名啊，源于其建筑位置和设计风格。黄河水在不同季节有不同表现，雨季泛滥时水位上涨，很容易淹没民居和农田。所以黄河边上的这些村庄土屋都建在比较高的砖土台上，这样能有效地避免被黄河水冲垮。于是，也就有了这充满鲁北风情的高台民宿。

黄河畔，林荫下，河滩里，高台上。我踏着泥土的芬芳而来，寻到这处静谧的私享空间。

我带着城市的喧嚣来，带着工作的困惑到，老屋却告诉我，每个人的生活里都需要一段宁静的时光，让匆忙的脚步慢下来，等等跟丢的灵魂，别太着急，那些难题，时间会回答你。

高台 民宿

INFO

西纸坊·黄河古村高台民宿

土坯建筑是黄河下游居民的建筑活化石，虽然这些房子的建造历史并不悠久，但是究其工艺的历史，却可以追溯上千年之久。从泥土中来，又回归土壤，它反映出黄河流域先民最自然淳朴的生存之道，折射出一部中国人伟大的精神史诗。

地 经济技术开发区里则街道西纸坊·黄河古村

0543-3113388

九朝齐鲁重镇，千年一座古城

✎ 周亚 📷 刘刚 赵利军

在滨州惠民县，中华民族的母亲河——黄河岸边，坐落着一个沉睡了上千年的文化古村落——魏集。

唐贞观年间，唐朝攻灭东突厥汗国、吐谷浑汗国等西域诸国，打败薛延陀汗国，四夷威服。贞观十八年（644 年），唐太宗李世民决定东征高句丽，以张亮为平壤道行军大总管，率劲卒几万人，长安、洛阳募士三千，从莱州走海路向平壤进军。大批水军由京杭大运河、经山东境内大清河，向莱州湾集结。

INFO

魏集古村落景区

魏集古村落依托千年古城魏集镇，建成于2016年，位于孙子故里——滨州市惠民县魏集镇。古村落全部采用明清时期的古建筑风格，融合江南水系景观，主要建设美食小吃街、民俗工艺馆、儿童乐园、农家民宿等区域，是一处极佳的鲁北民俗文化体验地。

地 惠民县魏集镇魏集古村落景区

0543-2133661

50元

大清河因此成为当时水军集结的重要水运河道。出于征调沿河当地物资和兵员征募及休整等军事需要，沿河需建数十个水军驿站，每个驿站由 30 名士兵驻守。大清河至龙湾阳坡处，最适合建驿站。

时年大唐第一忠臣魏征刚刚病故，魏氏家族中不少后人在军中服役，水军中亦有一个“魏家班”。张亮因钦佩魏征为官刚正不阿，为使其血脉延续、子孙兴旺，故未安排“魏家班”奔赴远征高句丽的战场，而是命其留守此沿河驿站。

“魏家班”自然也不会辜负张亮的期望，自贞观十八年（644 年）三月建驿站至十一月水军在莱州湾集结完毕出征，九个多月的时间里，该驿站未发生一起物资丢失事件，未发生过一次士兵逃跑事件，其他军事工作也完成得十分出色，因此被称为“永安驿站”。

战事结束后，“魏家班”里部分人以驿站为家，在当地结婚生子，逐渐形成了村落，名魏家驿、永安驿或水寨村，镇志村史称“魏集古村”。

到了宋朝，魏家驿已发展成为大清河下游一个重要的水陆码头，魏集古村落也

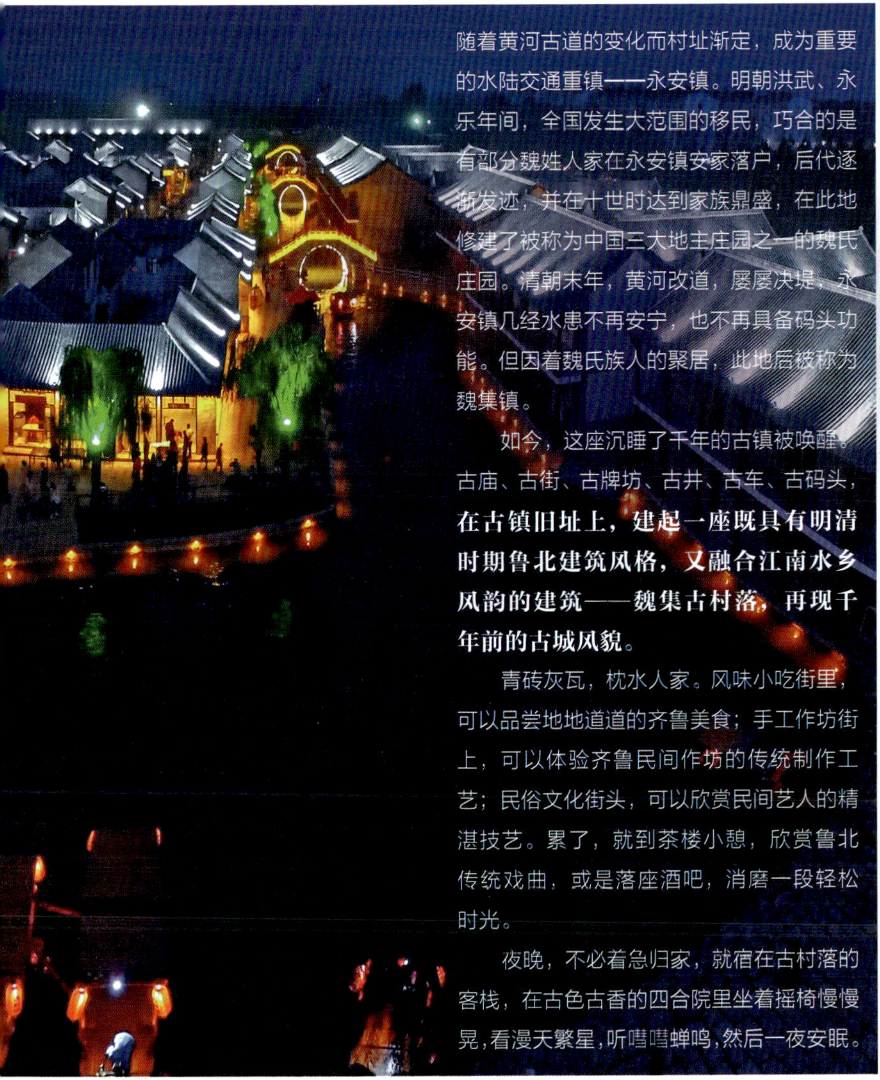

随着黄河古道的变化而村址渐定，成为重要的水陆交通重镇——永安镇。明朝洪武、永乐年间，全国发生大范围的移民，巧合的是有部分魏姓人家在永安镇安家落户，后代逐渐发迹，并在十世时达到家族鼎盛，在此地修建了被称为中国三大地主庄园之一的魏氏庄园。清朝末年，黄河改道，屡屡决堤，永安镇几经水患不再安宁，也不再具备码头功能。但因着魏氏族人的聚居，此地后被称为魏集镇。

如今，这座沉睡了千年的古镇被唤醒。古庙、古街、古牌坊、古井、古车、古码头，**在古镇旧址上，建起一座既具有明清时期鲁北建筑风格，又融合江南水乡风韵的建筑——魏集古村落，再现千年前的古城风貌。**

青砖灰瓦，枕水人家。风味小吃街里，可以品尝地地道道的齐鲁美食；手工作坊街上，可以体验齐鲁民间作坊的传统制作工艺；民俗文化街头，可以欣赏民间艺人的精湛技艺。累了，就到茶楼小憩，欣赏鲁北传统戏曲，或是落座酒吧，消磨一段轻松时光。

夜晚，不必着急归家，就宿在古村落的客栈，在古色古香的四合院里坐着摇椅慢慢晃，看漫天繁星，听嘒嘒蝉鸣，然后一夜安眠。

隐藏在坊间巷里的艺术空间

✎ 王爽 📷 李健生 刘杰 中共滨州市委宣传部

“细雨斜风作晓寒，淡烟疏柳媚晴滩。入淮清洛渐漫漫。雪沫乳花浮午盏，蓼茸蒿笋试春盘。人间有味是清欢。”

一直很喜欢苏轼的这首《浣溪沙》，尤其是那句“人间有味是清欢”。也想在浮躁的生活中找一处安宁之地，寻一味清欢。竹篱茅舍一间，菜园花田半亩，闲书一卷，香茗半盏，岁月静好，流年安暖。

一直带着这样一种期盼，便不自觉地对乡间田野产生了好奇。

听闻有这样一个乡村，百年前，户户水井，家家菜园，村民用甘甜清澈的井水浇菜。入夏时，农户蔬果丰收，收来成一担，行歌市上，易粮三升。

百年后，旧村换新貌，花田、湖水、木船……入夏时，碧水荷田，“大炮爆公鸡”“糖醋黄河鲤鱼”“八大碗”“德国啤酒”，好景配美食，美食配好酒。

岁月更迭，如今户户水井的面貌虽已不复存在，但水仍是这个乡村的脉络与灵魂。该村，村东是南海风景区，村西是一片荷花池，村南与村北则被一条环村河流所缠绕。水是这个村子的风景，也是这个村子的生命。

这不就是我艳羡已久的江南水乡嘛！没赶上盛夏，在一个初冬，我来到了这个村落。

我一向不喜冬日的凄凉与萧条，在乡村，日出日落，数九寒冬，四季都显得格外漫长且分明。初到乡村，街道上三三两两皆是唠嗑的老人，冬日的暖阳透过枝丫的缝隙落在墙壁上，顿觉祥和与安宁。

走在村里，墙壁上画着的动漫卡通壁画，路边随处可见的格桑花，都给这个萧瑟的初冬增添了几分生气。因是冬日，正在为错过荷塘而懊恼，却又因整片向日葵花田而惊喜不已。水间芦苇飘荡，野鸭丛间觅食，每走一步，热爱便增添一分。就是在这样一个乡村，让我一改昔日对冬季的印

象，爱上了这个清冷的季节。

此行的遗憾之处，在于没能在此住上一晚。如果你有幸前来，定要住上一晚，自然朴素的“蒲草说”，恬淡雅致的“棉花记”，一抹蔚蓝的“贝海滩”，红粉香闺的“锦绣香”，这里的每一间厢房，都是一种别样的风格。

没有崇山峻岭，没有古胜名迹，有的只是一种古朴的乡间生活。住民宿，吃农家乐，喝水磨豆浆，推独轮单车……在这鲁北的传统民居里游走，我才恍悟到，这里不是江南的水乡，这里是北国的江南。

哦，忘了告诉你，这里是滨州狮子刘村。

INFO

狮子刘村旅游景区

狮子刘村位于滨州市中心，地处黄河、南海与秦皇河的交汇处。它南临黄河，又在南海之中，周围拥有大面积的原生态湿地、林地、农田。整个村庄村舍规划整齐，村庄内遍布典型的鲁北民居建筑，更有原汁原味的农家生活，保留着最原始的乡土气息。

地　经济技术开发区杜店街道

114分钟，三河湖单车环游记

✎ 王爽
📷 中共滨州市委宣传部

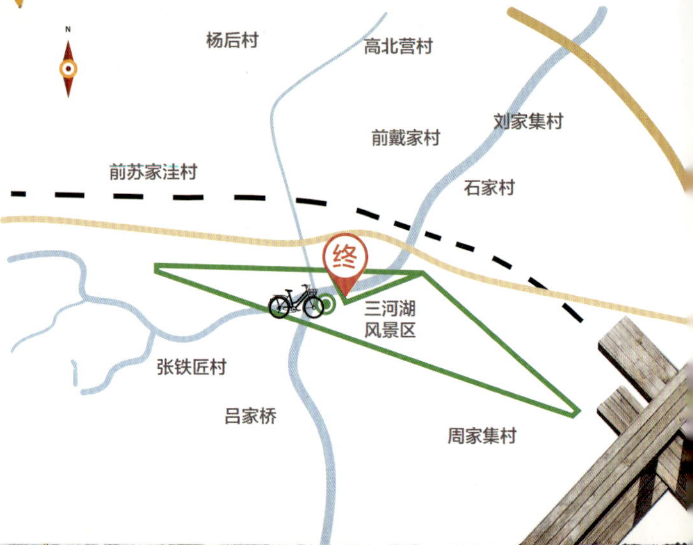

一辆单车，一把吉他，一个背包，一个皮肤黝黑的少年，以高雄为起点，为期七天六夜的环岛骑行，一路上遇见不同的风景，听不同的故事，有相识的温暖也有一人的孤独，有欢笑也有困苦，但最终在旅途中寻找到新的自己……

这是电影《单车环岛日记》的剧情。大学时，看这部电影，想着毕业时也能像片中的主人公一样来一场骑行之旅，但最终被慌乱的租房子、找工作打乱了计划。一晃几年过去，想来简单的骑行梦却一直未能如愿。

恰好此次我们一行人来滨州出差，闲暇时逛到三河湖水上画廊，在机缘巧合下有了这样一场骑行之旅。

清冷的初冬，上午 9 时，雾色正浓。租借单车，出发。

三河湖单车环游记

\ 体验采摘 /

迎着暖阳，穿过长长的笔直的道路。

道路两旁是笔直的银杏树。

深秋与初冬交替之时，正是赏银杏的好时节，

一地落叶，满目金黄。

10分钟，久违的欢畅与快意，一行五人欢声笑语，互相调侃着车技，好不惬意。

30分钟，起风了，雾渐渐薄了，小径渐行渐宽，道路两侧的麦田绿油油的。

45分钟，风吹得烈了，薄雾渐渐散开，身体开始酸痛，那座能一览徒骇河景区的桥却迟迟不见踪影。想必大家都有些累了，除了听到偶尔过路汽车的鸣笛声，一行人皆沉默不语、闷头骑车。路边偶遇一位正在地里忙活的老农，前去问询，说是再骑个十几分钟就到了。

60分钟，风停了，雾散开了。终于盼到了那座桥的出现，我们把单车停在桥边，走上桥一览徒骇河的风貌。徒骇河是三河湖的核心景区，“疏通九河浪险恶，禹徒失色留其名……九曲画廊丝竹乐，垂钓多见白首翁。”骑过徒骇河，稍作休息，困倦袭来。再次出发，此时若你对前路兴趣渐无，那就错了。骑行的酣畅还在后头呢。

90分钟，迎着暖阳，穿过长长的笔直的道路。道路两旁是笔直的银杏树。深秋与初冬交替之时，正是赏银杏的好时节，一地落叶，满目金黄。走得最急的总是光阴，初冬过了，这赏银杏的时节便也过了。此行为赏徒骇河而来，却意外收获了银杏叶遍地的美景。

105分钟，我们一路骑行，沿途芦苇飘荡，蔬果采摘园紧邻，农家乐开在古船上，遂登上去一探究竟，想着若在这水中央吃鱼赏景倒是不错。

114分钟，游完三河湖，停车落锁。骑行12千米，消耗347卡路里。一行人纷纷感叹，许久未曾这般酣畅了！

在千年古桑园，寻一段桑葚救燕王的佳话

王爽 李文明 刘连坤

INFO

千年古桑园

千年古桑园位于无棣县车王镇中西部，景区内德惠新河、马颊河环绕。无棣古桑树群共有桑树两千余株，其中千年以上古桑树近300株，分布在400亩的土地上，是鲁北地区仅存的一处古桑树群。

地 无棣县车王镇崔王孟村南

古桑农副产品

山东古桑农副产品开发有限公司取园区内千年古桑为原料，开发出桑叶红茶、桑叶绿茶、桑叶面、桑梅干、桑葚干、桑葚饮料、桑葚红酒等一系列产品。

自古文人墨客喜写梅兰竹菊，写桑者甚少，有，则以田园诗人居多。储光羲的“穷老一颓舍，枣多桑树稀。无枣犹可食，无桑何以衣”写的是农村凋敝的社会现实；翁卷的“乡村四月闲人少，才了蚕桑又插田”写的是江南农村初夏时节的田野风光和农忙景象；范成大的“今年幸甚蚕桑熟，留得黄丝织夏衣”写的是中国农村手工业的发展；《氓》中“桑之未落，其叶沃若”写的是男女之间的浓情蜜意……

借桑咏怀，不同的时代、不同的心境抒发着不同的情感。诗卷留下来的墨香里浸透着故事，走过千年的古桑也向世人讲述着一段段鲜活的历史。

在滨州市无棣县车王镇有一处千年古桑林，据考证大都是明朝以前和明朝初年所植。古桑扎根沃土，历经风雨，沧桑的不单单是树身，还有那穿越千年的传奇故事。

在当地流传有桑葚救燕王的佳话美谈。燕王朱棣是明太祖朱元璋的第四子，建文元年（1399 年）发动靖难之役。在攻打山东时，遭到了山东布政使、兵部尚书铁铉的拼死抵抗，朱棣兵败，落荒而逃。

据传，朱棣当时逃亡到无棣地界，因惊吓过度，头痛欲裂，腰膝酸软。探马来报，前方发现一片桑树林利于隐蔽，朱棣于是前往林中歇兵修养，以井水解渴、桑葚果腹。几日后，朱棣身体不适的症状好转。朱棣称帝后，对此地念念不忘，专门派人前往探访，补栽桑树，命御医将桑葚加蜜制成膏，常年服用。

在古代，桑葚被称为“神仙上药”，古代帝王称其为“长生不老”的鲜品。《广群芳谱》引《金楼子》中的记载：“秦始皇闻鬼谷先生言，故遣徐福入海求金菜玉蔬并一寸葚。”其中说的便是秦始皇派徐福出海寻找长生不老药的故事。据《简明中医词典》考证，一寸葚说的便是桑葚。

岁月更迭，千年的历史被赋予了更多的神话色彩。桑林的每一株桑树都是历史的见证，时光的故事化成树纹刻进古桑里。

踏入桑园，像是穿越千年，走进了文人墨客的书香里，桑虽无语，却胜千言。

他人心中的乡愁也许是一枚小小的邮票，也许是一张窄窄的船票，而我心中的乡愁，却是一片“茫茫枣园连天碧，串串琼珠接地红”。

在家乡，每当春天来临，经受了一冬风吹雪欺的冬枣树，干枯的树枝上仍会顽强地生长出一片片嫩绿的新芽。

这样的冬枣树，好似在向这个世界宣告，不管忍受多少的艰难困苦，它仍会一次次地从头开始。

最难忘，茫茫枣园连天碧

刘瞻
下洼镇人民政府

离开家乡在外拼搏的我们，不就是一棵棵寒冬中的冬枣树吗?

尽管外表已经遍体鳞伤，内心深处那株不屈的嫩芽，永远保持着破土而出的勇气。

冬枣树伴随我成长。儿时常常在冬枣园玩耍，阳光透过层层的叶子，落到地面上，斑驳一片。我最喜欢在枣林间铺开一张凉席，仰望挂着朵朵白云的天空。微风袭来，叶子哗哗作响，偶有几颗调皮的枣落下来打到脸上，不疼，这是我的枣树朋友在跟我开玩笑。

枣林很大，像是母亲温柔的怀抱。外面的天空更大，而我是一只振翅待飞的鸟儿，那伸向天空的枝丫，就是我远飞的平台。冬枣树上，永远留有接纳我的小窝。

那年 9 月外出求学，只身一人前往陌生的城市。学费尚未凑够，父亲用他那皴裂的双手把我的行李塞进远行的客车，坚定地跟我说:“你先去，再过一个多月，等家里的冬枣成熟了，就啥都有了，啥也不用担心，有我呢。”我的骨子里，已经永久地烙上冬枣的印记。

INFO

冬枣生态旅游区

冬枣生态旅游区是国家4A级旅游景区，位于中国冬枣之乡——沾化下洼镇，是以“品尝沾化冬枣，体验农家风情，享受自然休闲”为主题，以冬枣采摘园景点为主体的生态农业观光型旅游景区。

地 沾化区下洼镇东平村村南100米

📞 13173425888

$ 30元/人（仅9、10月份收费）

常被朋友问起，最喜欢吃什么水果，我都回答冬枣。天底下水果千千万万种，味道千千万万种，有葡萄的酸甜可口，有草莓的甜美多汁，有哈密瓜的甜香四溢，有香蕉的香甜软糯……而我每次在睡梦中醒来，最怀念的，却是家乡冬枣甜脆爽口、鲜美多汁的味道。每年国庆假期，我哪里都不想去，只想回到自家的枣园里，呼吸着那飘有果香的清新空气。逛枣园最好在清晨，叶尖上的露珠还未散去，在阳光的照耀下，闪闪发光。摘一颗被露水滋润的枣子，咬上一口，那甘甜清爽的口感绝对让人欲罢不能。

“早知沾化冬枣好，何必策马传荔枝。”“疑是昨宵春梦好，原因今朝神果丰，笑从脸上生。”“秋风摇金黄，滨县枣飘香，车水马龙何往，仙果发向八方，月圆中秋梦回乡，最是玲珑奉高堂。”家乡人人皆爱冬枣，创作出不少赞颂冬枣的诗句。

我也热切地爱着冬枣，爱着这片土地。冬枣成熟季，家乡这座默默无闻的小镇，便开始迎来四面八方的客人。每当这个时候，我都会加入小镇的导游志愿者队伍，我按捺不住自己心中对家乡的赞美，想要和更多的人分享。

看那翠绿欲滴的枣林间，被蝶粉蜂黄围绕的人儿，挎着竹篮，三五成群，欢歌笑语，一边采摘冬枣，一边消磨时间，是这秋日里最惬意的田园风光。

有鱼的地方，就能成就打渔张

文/周亚　摄影/马英杰　谢洪光　韩金博

在黄河博兴段南岸，有一个野趣浓郁的森林公园。风起的时候，五彩的风车转起来，呼呼作响，和婉转的鸟鸣声、水的滔滔声、林海的簌簌声，一起构成了一首大自然的绝唱。

这公园有个耐听的名字，叫打渔张森林公园。关于这名字的来历，有个不得不讲的传说故事。

元朝末年，吏治腐败，赋役沉重，天灾频发，百姓无以为生，逐渐爆发了许多农民起义，连年混战。在博兴一带，青壮年被迫参军，老弱病残惨遭屠戮，又因黄河泛滥，此地渐渐成了无人区。

洪武元年（1368 年），朱元璋于南京称帝，国号大明。他在位期间，下令农民归耕，奖励垦荒，大搞移民屯田，下令人烟稠密的山西、河北等地百姓，要迁徙到人烟稀少的山东等地。皇命难违，迁发令一出，一时人心惶惶。这时坊间传言，河北除了枣强县不做迁发安排，其余人全部迁走。人们闻此消息，纷纷投靠枣强县的亲友，枣强县很快人满为患。

河北衡水湖边，有一世代以打鱼为生的张姓人家。张父膝下有三个儿子：大儿已婚，并生育一子；二儿、三儿尚未婚配。听到迁发消息后，张父陷入了深思，这一行天高路远、艰难险阻，为

INFO

打渔张森林公园

打渔张森林公园总面积12.8万亩，由山东省政府于2001年12月正式命名，因著名的打渔张引黄灌溉工程而得名。森林公园以田园风光为中心，园内森林繁茂，河水澄碧，百鸟鸣唱，野趣浓郁，以“幽、静、秀、野、怡”为特色，集大自然景观和人文景观于一体，为不可多得的旅游休闲之处。

地 博兴县乔庄镇打渔张森林公园

保张氏后继有人，他决定和二儿、三儿一起听从安排迁出故土，唯让老大一家赶往枣强县。

谁知朝廷政令下来，竟是：凡枣强县人，不论男女老少，全部迁走。在人们得知上当时，官兵早已经把枣强县围了个水泄不通……

张父含泪写信嘱咐："是父亲害了你们一家三口，你们切记要到有水的地方住下。只要有水就会有鱼，你们仍旧以打鱼为业，便必定不会挨饿。"

老大一家跟着迁发队伍出发，渡过黄河，来到博兴，在黄河边上以捕鱼为生，定居下来。后来到此地的人越来越多，渐渐形成了村落，因为张家老大最先来到这里，故名张家庄。

自老大走后，张父张母思子心切，日日以泪洗面，不久便先后离开了人世。张父临终前嘱咐其余二子定要找到老大一家。兄弟二人谨遵父亲遗嘱，走上了寻兄之路。二人一路打听，谁知哥哥信中所说的“张家庄”，竟有十几个，因此吃了不少苦头。

待到亲人团聚，兄弟三人抱头痛哭。老大告诉两位兄弟，此地民风淳朴、土地肥沃，又紧邻黄河，不如在此定居。兄弟二人同意了，乡亲们纷纷赶来庆贺，考虑到兄弟二人因地名问题一路寻亲辛苦，乡亲们提议不如将村名改为“打渔张”。既保留了原来的张姓，又不和别的村名重复，家乡来人也好找。从此，张家庄就改名打渔张。

新中国成立后，为保证生产、开垦荒地，国家建设了打渔张引黄灌溉工程。一个旧的打渔张村迁出了，一个新的森林公园渐渐形成了。而那条长长的拥抱着我们的母亲河，依旧在这里，诉说着历史的沧桑巨变。

而那条长长的拥抱着我们的母亲河，
依旧在这里，诉说着历史的沧桑巨变。

婉转的鸟鸣声、水的滔滔声、林海的沙沙声，一起构成了一首大自然的绝唱。

第八章

带得走的礼物，带不走的惦念

美物不因离别而褪色，
惦念不因时光流淌而没落。
空手而来，
满载而归。

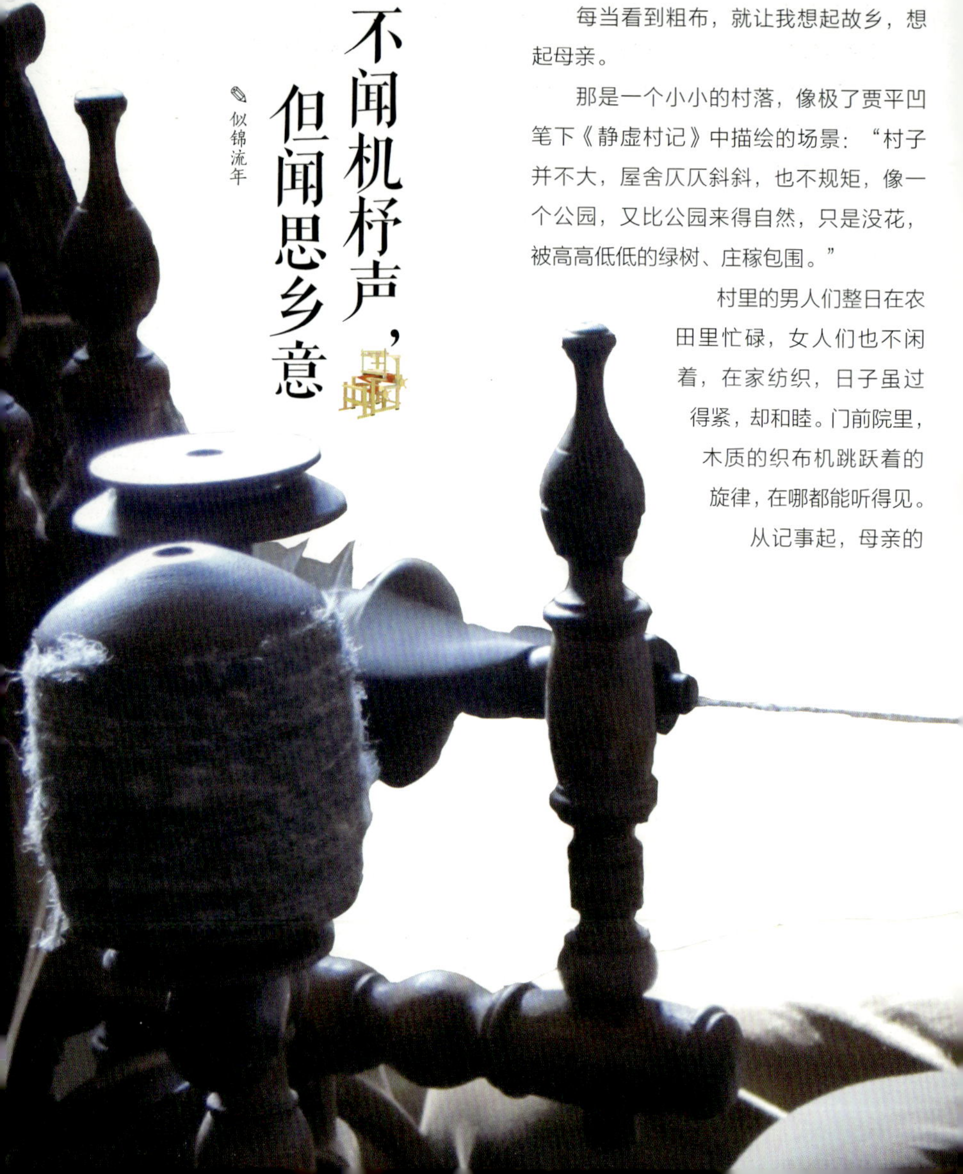

不闻机杼声，但闻思乡意

✎似锦流年

每当看到粗布，就让我想起故乡，想起母亲。

那是一个小小的村落，像极了贾平凹笔下《静虚村记》中描绘的场景：“村子并不大，屋舍仄仄斜斜，也不规矩，像一个公园，又比公园来得自然，只是没花，被高高低低的绿树、庄稼包围。”

村里的男人们整日在农田里忙碌，女人们也不闲着，在家纺织，日子虽过得紧，却和睦。门前院里，木质的织布机跳跃着的旋律，在哪都能听得见。从记事起，母亲的身影便是和角落里的那架纺织机联系在一起的。我几乎每晚都伴着纺车的声音入睡，“吱呀、吱呀”“咔嚓、咔嚓”重复单调而又温馨。母亲坐在织布机上脚踩踏板，手中的木梭来回穿梭，一根根纬线便如游丝般穿梭入经线之中。母亲的手脚利落，每天能比别人多织上一两米。

母亲织出的花布经纬细密，花色虽然单调，却有着色块的区分。小时候最开心的，便是每到过年，母亲都会用织出的花布，为我们兄弟几个每人做一件棉衣，我们稀罕得连睡觉时都舍不得脱。

母亲织出的布，质感似细沙但却柔软，十分舒适，就像她那双粗糙又温暖的手，能够为我们抵挡住生活中所有的风寒。若是夏季做身夏衣便更好。冬暖夏凉的老粗布，透气吸湿，贴在身上非但不热反而觉得清凉。

如今，古稀之年的母亲，眼睛花了，腰也弯了，她总伤感地叨念着："粗布衣裳穿着舒服，可我再也不能为你们织了……"我们兄弟几个便会安慰她，说街上还有很多专门售卖老粗布的店铺，花色、质量都很好，叫她不要担心。

老粗布那种自然的触感，是现代工业流水线产品不可比的。每当我再次躺到老粗布制成的床单上，就仿佛又回到了那些年的旧时光，幽幽的灯光下，织布机旁母亲的身影晃动，耳边响起熟悉的声响，仿佛在说："睡吧，睡吧，妈妈就在这里……"

我的母亲，就像家乡无数的母亲一样，在无数个日日夜夜，与一台织布机做伴，织出多彩的图案，织出了给予孩子们温暖记忆的老粗布。

INFO

老粗布

老粗布是绿色、环保、天然的手工产品。在人们崇尚自然、渴望绿色的今天，老粗布因手感厚实、肤感舒适、冬暖夏凉、透气吸汗、防静电等特点，再次成为人们追逐的新时尚。老粗布的制作需要经过从采棉纺线到轧花、弹花等72道工序，以22种基本色线可以变幻出1990多种绚丽多彩的图案，堪称千变万化，集使用价值与艺术魅力于一身。

256
257

清粥就酱菜，美味不美味？

✎ 祝砚文
📷 中共惠民县委宣传部

作为一个地道的惠民人，武定府酱菜是横亘在记忆中的美味。无论远行的脚步走到哪里，忘不掉的是那一股幽幽的酱香，抹不去的是那一缕温暖的故乡回忆。

小时候，最盼望姥姥熬米粥。吃粥要配碟小酱菜，这似乎是北方人的饮食传统。稠稠的米粥配上咸甜口的武定府酱菜，吃完了一碗还想吃，姥姥宠爱地抹去我脸上的残糊，又给添上一碗。待年岁渐长，离家求学的时候，每每想家，嘴里不自觉地泛起那米粥和酱菜的味道。

酱菜是最让人觉得意味悠长的食物，它的原料虽是普通的时蔬，调料也不过是普通的油盐酱醋，但却百味齐聚，滋味间充满着生活的烟火气。凡酱菜，必是重口，因此虽然味美，却是无法多吃，搭配米粥便会不同。

米粥香糯清淡，酱菜却是咸脆的，两者要“就”着吃，才能结合得恰到好处。所谓“就”，就是一口酱菜，一口米粥伴着吃。酱菜的咸滋味，慢慢融化在米香里，既不会太咸又尝得到酱香。其实，武定府酱菜和一般酱菜相比，正是妙在不过咸，同时又不过甜，咸甜有度，鲜香齐聚。

说起中国的酱菜，南酱与北酱各有所长，传承古法经历上百年历史的更是比比皆是。但绵绵延续 400 年的酱菜坊，却是少见。武定府酱菜的酿造手艺始于明代，那时惠民地区的酱菜坊就很兴盛；到了清代，惠民被定名为武定府，后人便将这里的酱菜称为武定府酱菜。

武定府酱菜花样极多，酱磨茄、合锦菜、什锦丝、萝卜条……各有各味，连吃上一个月都不会重样儿。武定府酱菜的每一种菜品，无一例外都采用纯手工制作。从粗加工到蒸煮，再到榨汁、浸泡最后到酱制，无不手作，精益求精，就连酱制用的容器也依然采用传统的大瓦缸。

酱菜腌制的过程，像是踩过层层叠叠的日子，辛劳过后，唯一能做的就是等待。趁夜间寒凉，可消减缸中酱菜的灼热燥气；白日温度渐生，酱菜便随之苏醒再度酝酿，如此日夜交替不断，方得人间至味……

一碟酱菜，一碗白粥，几口下肚，五味之中又食过人生一餐。人道酱菜简陋，我却觉得小小的武定府酱菜中蕴含着人生的奥秘。日夜交替，循环往复，平平淡淡的真滋味才叫生活。

INFO

武定府酱菜

武定府酱菜始创于1618年，距今已有四百年的历史。酱菜以色泽鲜艳、咸中带甜、甜中微咸、酱香味浓、清香可口而驰名全国，人称“武定府酱菜”，是山东地方传统名产之一。

滨州产梨品种多样，而时光给了阳信鸭梨特别的优待，

使它看上去比一般的梨子大上那么一圈，更赋予它独特的口感。

每当秋季，浓郁清甜的梨香四处飘散，

新鲜摘下的阳信鸭梨色泽金黄，

像晴天时的一缕阳光垂射，看得人心头一暖。

酒客爱秋蔬，山盘荐霜梨

静夜思 中共阳信县委宣传部

早就听说，阳信鸭梨有“人间仙果”之美称，用“天生甘露”形容也不为过。此番路过，恰逢金秋，正可一饱口福。

阳信鸭梨上市在十月初，摘得过早或过晚，都不能将梨子的清甜汁液酝酿到恰好。

滨州产梨品种多样，而时光给了阳信鸭梨特别的优待，使它看上去比一般的梨子大上那么一圈，更赋予它独特的口感。每当秋季，浓郁清甜的梨香四处飘散，新鲜摘下的阳信鸭梨色泽金黄，像晴天时的一缕阳光垂射，看得人心头一暖。

果肉脆甜是肯定的，但如果你能细细品味，就会发现咬在梨子上的每一口滋味都有不同。由外及里，外皮酥甜，中部梨香最为浓郁，吃到梨核竟然变成了酸甜，别有风味。也正因为阳信鸭梨风味十足，因此还有另一种独特吃法，制成“鸭梨盅”。

取新鲜个大的鸭梨，削去梨顶，旋出

梨核，在凹洞里放入冰糖、枸杞，盖上先前切下的梨顶，放入蒸锅蒸制。待梨身微软，便可出锅。端上鸭梨盅，先尝盅内甜汤，温养滋补，口口润心田；再尝梨肉，温润香软，每每香难忘。

家中要是有孩童，患了咳嗽，一碗鸭梨盅吃下去，症状便能缓解大半。其实无论生吃还是熟制，阳信鸭梨都各有其功效。《本草纲目》中将鸭梨的功能注释为：“生者清六腑之热，熟者滋五脏之阴。”故而，如何食用，皆取决于自身。

如今，世人皆知阳信鸭梨味美，且不知它的栽培历史迄今已逾千年。早在唐朝初期就已有种植；至明朝“所栽梨树块块成行，果实累累，四方闻名”；清末民初更是出现了“打洋梨”，即将阳信鸭梨肩挑车推送往登州（今烟台）码头，出口到东南亚一带。

虽经光阴兜兜转转，新晋果品亦是层出不穷，但阳信的果农依然偏爱家乡的“老品种”。不改换树种，不嫁接，就这样守着一棵树，看它开花结果，度过一轮春秋。

INFO

阳信鸭梨

阳信鸭梨，产于“中国鸭梨之乡”——滨州阳信县。外形美观，色泽金黄，呈倒卵形，因梨梗基部突起状似鸭头而得名。鸭梨皮薄核小，香味浓郁，清脆爽口，酸甜适度，风味独特，素有“天生甘露”之称，现已被列入山东地理标志产品。

海的味道，“糟透”了才知道

侯雅文　苏子龙

“糟”往往与“好”对立，人们常用“糟透了”，来形容一件极不称心的事。但在滨州偏偏有一件东西越“糟透”，越受人喜爱。也正因为“糟”，还使它独具异香，成了滨州人餐桌上的一道美食。

这“糟透”的“好东西”指的便是滨州特产——虾酱。滨州无棣、沾化两地恰位于黄河入海口，鱼虾丰美，最好的虾酱自然也是产自这里。

不待风染红了高粱，沿海的渔民就准备出海了。俗话说：“高粱红了，海鲜就肥了。”渔网撒下去，鱼虾蟹就收了个满筐，大个的挑拣去集市，余下的软皮小毛虾带回家中自有妙用。在渔民眼中，大海鲜饱眼福，多吃腻口；小海鲜可饱口福，久食不厌。

小海鲜不宜大焖大炖，调味料过多，更是画蛇添足。滨州人便从小处着眼，运用智慧和技巧让鲜味出脱得淋漓尽致。家住无棣的吴元树老大爷，家族世代相传的

制虾酱手艺，到他这里仍薪火相传。他说，制作虾酱急不得，一把小毛虾，一把盐，按部就班循序渐进，才能酿得出美味。

在他的记忆里，祖父有一条小渔船。每次祖父驾船出海，便会趁着出海休息的空暇，将收集的小毛虾在浪花中淘洗几遍，一来涮去泥沙，二来将小虾的鲜味保留得更久。回到家中，发酵、碾磨，无需香料，时间就会给予小海鲜充分的滋养，催生美味。吴元树老大爷家中封缸用的是“苇子盖”，既能防雨又能透气，半月过后揭开封盖，期待已久的美味便完全释放。

盈室异香，但我却是不知该如何夸赞，只能说这“香气”与臭豆腐颇有同效，不甚好闻。不爱者，便如沈复弃臭豆腐，视其为“生平所最恶者”，不愿与之同室；喜爱者，则认为入咽便知其美，鲜香馥郁，是为“无盐貌丑而德美”。

INFO

虾酱

虾酱又名虾糕。它是以各种小鲜虾加盐发酵后，经磨细制成的一种黏稠状酱。滨州的沾化、无棣两地均出产虾酱，且虾酱的质量都比较高。虾酱可作为一般调味使用，也可加入其他原料炒、蒸、拌后作菜，十分爽口。

虾酱咸鲜不可单吃。与鸡蛋或豆腐搭配，便可成就一道美食，或是热油炒熟，卷饼而食，更是能吃出原本滋味。虾酱绕着舌尖上下翻滚，就像一阵海风吹过，海洋的气息袭面而来，咀嚼两下后真正的虾酱滋味才开始慢慢渗透，咸香鲜香层出不穷，再尝不出其他异味。

像吴元树老人这样，一辈子讨小海、烹小鲜的赶海人在滨州还有很多，他们所有的气力、情意和坚守，终化成餐桌上的一粥一饭。从大海到餐桌，小小虾酱，万千味道，值得慢慢欣赏，细细品味。

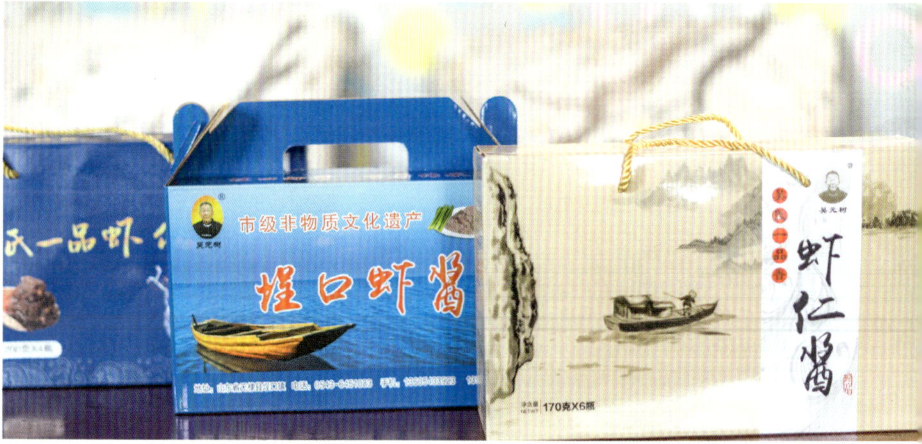

天青色等烟雨，而我在等你

✎ 蝈蝈　📷 中共滨州市委宣传部

“千万别忘了买‘海瓷’，不然当心我削你哦！”挂断电话，我“凌乱”了。海瓷的盘子海瓷的碗，海瓷的杯子海瓷的勺，统统都要。海瓷珍贵，但这么多的盘子碗，也不知道他是要自己用，还是准备当批发商倒手赚钱。我这次是出差，不是去搬货好嘛……

得知我出差去滨州，表哥给我布置了这一堆任务，估计是想讨好表嫂吧。

我先去了无棣。地处渤海之滨的无棣县的海岸线，历经几千年的自然造化、海洋滋养，形成了全世界三大海洋古贝堤之一的无棣古贝堤，而

且随着海水潮汐的作用，每年自然新堆积贝壳增加 10 万吨以上，这使得无棣成为海瓷的诞生地也在情理之中。

一入海瓷馆，便是说不出的震撼——这海瓷的确精美。一只白底荷花盖菜碗，素白玉胚如美人初妆，侧锋勾勒的玄青色荷花含蓄绽放，莲叶丛丛下一对锦鲤戏水栩栩如生；一对蝶恋花杯形壶，杯壶合一巧思造型十分独特；一套鱼戏七头花雕酒具，清雅而不失趣意。随便拿起一只海瓷碗，重量轻厚度薄，手感十分细腻。敲一下，声音十分清脆。

转身一看，一套天青色海瓷餐具吸引了我的目光。没有多余修饰，只有青色晕染、几缕压纹暗花，正像雨后天空如烟如梦；质薄而坚，莹润光洁，波澜不惊，却流露出不俗风华，堪与宋汝窑天青相较。

不用多说，这些我要了！

服务员很热情，拿出精美的礼盒帮我一一包装。一边忙碌，一边问道：“是买来送老婆的吧？”我打趣她：“你怎么知道？”她一脸了然地说道：“我们无棣海瓷是用新型海瓷技术生产的，最不粘油渍，不用费劲洗，水一冲就干净了。还有比这更好的礼物嘛，疼老婆的男人都得买！”

我的脑海中，马上闪现出表哥洗碗的场景，心中暗暗偷乐：原来他这是在给自己找便利呢！

INFO

海瓷

海瓷又称贝壳瓷，即将精选海洋贝壳特殊加工后，结合长石、石英等材料，经过高温多次烧制而成。由于海瓷原料贝壳中含有珍珠成分，因此海瓷胎质纯净，釉面光润，如脂似玉。海瓷用料十分考究，工艺极其复杂，成型难、易烧裂、生产难度大，所以成品非常珍贵，曾作为国礼赠送给前美国总统奥巴马。目前世界上只有中国山东无棣能够生产海瓷，无棣海瓷已获得国家技术发明奖和十余项国家专利。

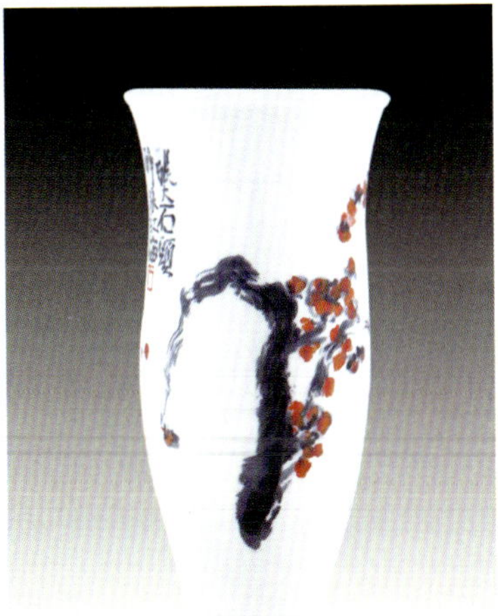

在棉纺之都，找寻不一样的幸福

✎ 刘清春 📷 李默

“弹棉花啊弹棉花，半斤棉弹成八两八哟，旧棉花弹成了新棉花哟，弹好了棉被那个姑娘要出嫁……”电影《巧奔妙逃》中的插曲《弹棉花》至今被奉为神曲。

要说这中国的棉花，山东棉花当属一等。滨州素有“中国棉纺织之都”之称。1988 年，滨州市（滨城区）被国务院批准为优质棉花生产基地，其棉区面积之大，全省数得着。

“滨州棉”自明朝初期引进种植，有着六百多年的悠久历史，影响深远。20 世纪 70 年代，周总理竖起“棉区的一面红旗”，杨柳雪村闻名全国，一度跟大寨齐名！大寨党支部副书记宋立英和贾存锁来了，当时的水利部部长钱正英来了，阿尔巴尼亚的农业考察团也漂洋过海来参观！

20 世纪 60 年代，滨州棉花开始走上机器，一棉、二棉等一批国有企业为滨州棉纺织业打下了坚实的基础。随后，山东魏桥创业集团、山东亚光纺织集团、山东滨印集团等一批大型企业涌现，现已成为滨州纺织工业的中坚力量，逐步形成了棉纺、染整、巾被、家纺、毛纺、针织等门类较为齐全的纺织工业体系，是滨州市十大产

业链之一。目前，上市公司就有 3 家，即魏桥纺织、华纺股份、宏诚家纺，其中魏桥纺织位列世界五百强企业。

博兴顾家村以老粗布闻名，是个名副其实的“淘宝村”。如今搭上了互联网快车，效益与日俱增。

今天滨州的纺织工业可不只停留在弹棉花、织粗布上，创意让滨州家纺趣味十足。在愉悦居家世博馆中，有一个独特的健康睡眠展馆。在温灸理疗推抚床上体验，床上的气囊以温和的力度从上到下推抚后背，让人整个身体都得到极致放松。谁也想不到，家纺产品里还能蕴藏着“黑科技”。

今天，滨州是国家家纺服装产业基地，享有“中国棉纺织之都”之称，是“中国家纺产业示范区”“中国手工家纺创意基地”和“中国竹纤维家纺生产基地”。或许，幸福不只是放马劈柴，面朝大海，周游世界。还可以穿上博兴老粗布衣裳，去杨柳雪村看看周总理的情深意长，再体验一把愉悦的睡眠馆，感觉绝对不一样！健康中国，离不开滨州棉！

第九章 情不知所起，醉在这美城中

总是忙碌的，是漫长的生活，
偶尔捡起的，是失落的情调；
总是奔波的，是发展的事业；
偶尔雀跃的，是难得的闲适。

一枚滨州文青的生活指南

✎王十五 📷田海滨 中共滨州市委宣传部

在每一个闲来无事的周末，我都会来图书馆，选一本闲书，坐上两小时。书读久了，眼睛乏了，透过临街的落地窗望向街边，歇歇眼。

在春日，遛狗的老人从窗前走过，小狗抬起前肢趴在窗前，好奇地张望着屋内这群静坐无言的读书人；夏末，阳光透过玻璃窗落到书桌上，一抬眼便能看到空气中的微尘在跳舞；深秋，寒意还未浓，满地的落叶铺就金黄的地毯；初冬，调皮的孩子看不了多久的书，便朝着玻璃窗哈气，在氤氲中肆意涂鸦……久而久之，这图书馆便成了生活的一扇窗口。

INFO

滨州市图书馆

滨州市图书馆，是一座智能化、现代化的图书馆，建筑面积为9676平方米。一楼设综合图书借阅馆、电子查询、办证和咨询服务台等，二楼设报刊阅览室、图书阅览室、电子阅览室等，三楼四楼设置大型报告厅、休闲大厅等。

地 滨城区黄河十二路渤海十六路

滨州非物质文化遗产展馆

INFO

滨州市文化馆

滨州市文化馆始建于1961年，是滨州市人民政府设立的公益性文化事业机构，是国家一级文化馆。其担负起了组织全市群众文化生活的职能，为滨州的文化事业做出了重要贡献。

地 滨城区黄河十二路渤海十六路

书读累了，出了图书馆的门，走过一个转角，便是文化馆。文化馆的非遗展厅成了近来我的心头爱。那些儿时的记忆，那些旧时光里的老物件，在光影的照射下，仿佛被赋予了新的生命，也不甘落后地紧跟时代列车的步伐，轰隆隆地赶上前来。一块电子屏就拉近了我和时光的距离，那些老手艺都活灵活现地随着我的触碰游走。选材、雕刻、上色、缝缀、涂漆，一块幕布，一曲民乐，一段佳话，一场皮影；选料、浸泡、去皮、编织、熏蒸、晾晒，一把蒲草，几根柳条，一双巧手，一把蒲扇，一个花篮，一件草柳编；剪样、缝合、填充、贴布、装饰，一匹花哨布，一手针线活，一门老手艺，一只布老虎……

一步一岁月，一步一传承，走进去是旧时光景，走出来是现代风情。不知不觉中，时间悄悄溜过，夜幕降临，华灯初上。走出文化馆，人声嘈杂，车水马龙。和朋友约在隔壁的大剧院，恰逢她喜欢的舞蹈《太阳鸟》演出，坐在观影席上，她耐不住兴奋，一直捂着嘴偷笑。

太阳鸟对重生的太阳说：“太阳你要记得，你是光明之神，只有你才能给人间带来光明……我的涅槃换来你的重生，人类会因你而幸福。”

民乐，时而深沉，时而空灵；舞者，眉目传神，举步轻盈。太阳鸟的萌动，出生，成长……尽情地宣泄了对生命、阳光的礼赞。

一曲《太阳鸟》舞毕，掌声雷动，我也如梦方醒。从鸟的生命中走出来，从野性却不失温婉的表演中走出来。环视这个把我带到梦境中的大剧院，又是一个周末，有书，有梦，有老友。

INFO

滨州大剧院

滨州大剧院是市文化中心“三馆一院”的重要组成部分。按照甲级剧场标准设计，建筑面积15162平米，总座位数1095座。滨州大剧院的建成投入使用，填补了滨州市高端文化艺术平台的空白，是滨州市的文化新地标和一张崭新的文化名片。

地　滨城区黄河十一路渤海十六路

INFO

滨州市博物馆

滨州市博物馆是集征集、收藏、研究、陈列、社会教育等于一体的综合性博物馆，秉承“人文、绿色、开放、共享”的服务理念，自开馆以来先后举办了“古建筑图片展”“山东集邮巡展”“中国海瓷艺术展”等多次艺术展览，拓宽了市民的知识面，丰富了市民的文化生活。

地 滨城区渤海十六路780号

来万达，玩转“freestyle”

✎ 续断 📷 赵利军 刘玉彩

回首 2017，要说最火的热词，“你有 freestyle 吗”绝对能上榜。这是个什么“梗”呢？“freestyle”在嘻哈文化中是即兴说唱的意思，在一档《中国有嘻哈》的节目中，被明星吴亦凡带火，一时间火遍大江南北。年轻人打招呼的新方式不再是“吃了吗”而是“你有 freestyle 吗”。

“freestyle”的大火其实代表了当下年轻人的一种生活态度：自由、真实、随性。城市综合体万达广场便是滨州 freestyle 的代表，是时尚、趣玩、年轻的象征。

而自从有了万达，滨州人便有了一个可尽情展现“freestyle”的场所。如果你来滨州，跟出租车司机说一声找个“年轻的地儿”吃饭，不出意外，你会被载到万达。

滨州的天是晴朗的天，日常便是天高云淡、万里晴空。忽然某一天，带着大海和白云的颜色，万达就这么“闯”进了滨州市民的生活里，于是越来越多的人想不起，没有万达之前，人们到底是去何处消遣的。

琳琅满目的上百家时尚品牌、超级炫酷 IMAX 巨幕影院、巨大的儿童游乐场，以及皇城根、天山明珠等数不尽的餐饮品牌纷纷进驻。真的是让人轻舒一口气：咱们终于也有大型商业综合体了，过瘾！

夜晚的万达灯光闪烁，人流涌动，那当中的年轻人身上都散发着无限活力，仿佛看到了这座城的未来，就像万达之于滨州，朝气蓬勃，满满的“freestyle”。

是万达，让人更爱这座城，爱它的活力、自由以及其他。

INFO FREESTYLE

万达广场

2016年12月30日，滨州万达广场隆重开业。作为滨州的城市新地标，万达拥有首次进入滨州的品牌107家：滨州市首家IMAX巨幕影院、首家大型连锁儿童体验店——万达宝贝王、首家全球大型快餐连锁——麦当劳、首家皇城根餐饮品牌等。许多个首次不单单代表着滨州万达广场的独特，更代表着滨州市正走在年轻态与活力化的创新道路上。

地 滨城区黄河十二路渤海十一路

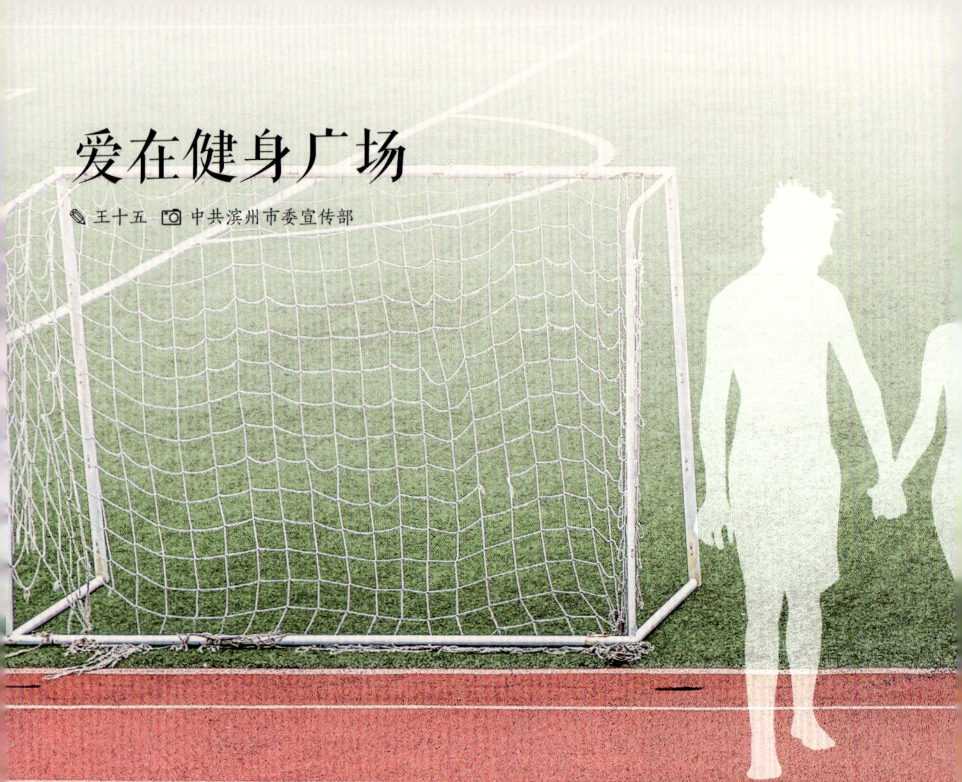

爱在健身广场

✎王十五 📷中共滨州市委宣传部

像我这样一个资深宅女，若不是别有一番缘故，是断不会天天泡在健身广场这种地方的。但人生许多事，谁又说得准呢？

“有个喜欢踢足球的男朋友是什么体验呢？”在知乎上看到这个话题的时候，我激动地打出了这个回答：大抵就是要陪他熬夜看球赛，周末的约会场所永远在健身广场，回复足球队队友的消息比回复我的消息更及时……诸如此类。然后有人问：除了这些缺点，就没有好处了吗？细想起来，好像还真有不少。

回想和他初相识也是在这片市民健身广场。那是一个盛夏，我被朋友拉来参加相亲会。我本就兴味索然，又觉阳光太晒，只想赶快回家。在凉荫的座椅处刷看手机等好友惨败而归的时候，只见一人从远处的球场跑来，大汗淋漓，气喘吁吁，一身阳光。回想起那天的感觉，好像空气里都充满了荷尔蒙的味道，挥洒在一望无际的广场上。

恋爱后，这片健身广场就成了我们的约会胜地，最开始，他和球友踢球，我开始尝试着跑步、打羽毛球、游泳。不知不觉，许多变化已经发生。而对于这偌大的广场，我也从最初的绝不踏足，变成了它的拥趸。

从回忆中抽身，我回复网友：以前的周末，就是在床上“挺尸”，追剧，点外卖； 现在的周末，我和这片健身广场谈恋爱。家住同一单元的邻居阿姨，每天都会带小外孙来健身广场学走路，在同一栋楼里住了近 30 年，在健身广场，我们头一次坐下来了解对方的生活；体校的学生，每天来这里跑步，我跟他们聊天，学了一连串的流行语；跟我父母年纪相仿的夫妻，穿着情侣运动装健身，夕阳落下来的时候，看他们牵着手往回走……大抵，这就是交一个爱踢球的男朋友的好处吧。

又是一个周末，他约我看电影，我不解道：“怎么不踢球了？”他似笑非笑地说：“因为发现你不是在和我谈恋爱，倒像是爱上了健身广场啊。”我恍然大悟道：“你偷看我知乎的回答，敢情是吃醋了吧！”

你看，有一个爱踢球的男朋友也是一种不错的体验。当然了，让宅女爱上运动，它实在功不可没。

滨州校园足球的四个“朋友圈”

✎ 刘清春 📷 李默

这两年，滨州校园足球朋友圈越来越“豪华”。张吉龙、张剑、王俊生、戚务生、马元安、迟尚斌、金志扬等足球名宿纷纷牵手滨州；人大附中、北京八一、山师附中等足球强队来滨竞技；广州恒大足校、山东鲁能、天津泰达等青训翘楚来滨州选材；新华社、《人民日报》、央视等国家级主流媒体聚焦……“名宿”朋友圈、强队朋友圈、青训朋友圈、媒体朋友圈，都是越来越强悍呢！

2017 年 10 月，“京城足球教父”金志扬来到滨州，参加 2017 年中国中学生足球锦标赛，又赴滨州国际足球运动小镇参观交流。在草皮上，金志扬轻轻地踩，说草皮不错，柔软，底下减震垫有弹性，能够举办国际比赛。

实际上，滨州已累计投入 10 亿元实施校园足球场地建设工程，两年时间

内新建、改建塑胶运动场 267 个，实现了乡镇中心中学、中心小学以及乡镇边远足球特色学校人工塑胶草坪运动场地全覆盖。金志扬感慨：“就普通地级市来说，滨州的校园足球发展走在了全国前列。”

还有，亚足联副主席张吉龙，前鲁能主教练马加特，韩国足球名宿朴昌善，西班牙、德国足球高层、专家都先后多次来滨州。在魏集古村落，马加特身着西装，与戴草帽的老铁匠你一锤我一锤地打铁，体验了一把滨州铁匠生活。

“我们希望将滨州校园足球好的做法、可复制的模式，作为经验向全国推广。同时，对于滨州校园足球发展中遇到的问题和困惑，我们也会积极帮忙反映、解决。”中国足协原常务副主席、秘书长王俊生说。

2017 年 11 月 3 日，中国中学生足球锦标赛最后一天。“完全放开了踢”的滨州经济技术开发区第二中学队 2:0 战胜了前国脚魏新、国安球员赵和靖的母校重庆七中队。

“与全国冠军过招，踢了五场比赛顶平时训练仨月！”开发区二中足球教练巩永刚认为，该校球员头一次见识了如此多的强队，体会了顶级赛场的组织水平和裁判尺度，让不少孩子一下开了窍。

同样，滨城区清怡小学更是两次受邀赴广东参加“恒大足校杯”全国邀请赛，恒大足校教练也常来滨州选材。

为啥？因为目前滨州经常性参加足球运动的孩子达到 15 万人，超过全市 43 万中小学生的三分之一。全市 9470 个班级中，有八千余个班级建立了足球队，足球普及程度全国罕见。

像清怡小学先后有 3 名同学被鲁能足校选中，其中刘秉鑫已经成长为鲁能 U14 梯队中的佼佼者，并作为鲁能梯队主力远赴巴西集训。2016 年 9 月，解子昊等 5 人经过层层选拔赴恒大足校就读，而苏嘉瑞则进入了天津泰达足球俱乐部青训梯队训练。

2017 年，CCTV5《足球之夜》栏目长时段聚焦了滨州校园足球发展，这是滨州足球新闻热的一个缩影。还有新华社、《人民日报》《光明日报》等国家级媒体多次来滨州记录校园足球，这让整个城市的形象品牌得以不断增值。

2018 年 7 月 26 日，在山东省中小学

校园足球联赛小学、初中组比赛上，滨州市三支球队分获冠亚季军的殊荣。其中，滨城区北城受田小学足球队战胜济宁队荣获小学女子组冠军，滨州实验学校足球队点球惜败青岛队荣获小学男子组亚军，滨城区第六中学足球队战胜济南队荣获初中女子组季军。

这是滨州市近年来在青少年校园足球方面取得的历史最佳战绩，滨州作为全国青少年校园足球改革试验区的改革成果开始显现。

当前，滨州校园足球正为滨州城市品牌建设添砖加瓦，通过名震足坛的“名宿”朋友圈，通过人大附中、北京八一等全国名校朋友圈，通过恒大、鲁能等一流足校的青训朋友圈，通过新华社、《人民日报》、央视等媒体朋友圈，可以让滨州的全国影响力和知名度快速提升。

雪上寻欢，速度与激情

✎ 昏昏 📷 李默

虽年岁渐长，但仍做着一个不切实际的公主梦。偶遇挫折时，就把自己想象成仙蒂瑞拉，坚信苦难总会过去；碰到非公正对待时，就把自己想象成白雪公主，笃信正义终能到来……童话世界并没有令我沉迷幻想无法自拔，反倒常常勉励自己，要变得更加温柔、善良、乐观、勇敢，成为更好的人。

电影《冰雪奇缘》里的艾莎公主，更是为我这“中年少女”编织了个冰天雪地的奇幻梦境。故事里的公主艾莎生来就拥有呼风唤雪的危险魔力，加冕礼上，魔法失控，她的王国阿伦黛尔被冰天雪地所覆盖……尽管情节令人为之揪心、难过，但电影里那个白雪茫茫、银装素裹的童话国度，仍令我充满了无限向往。

于是我和朋友开展了一段寻访冰雪世界的小旅程，来到了地球村游乐场。

地球村滑雪场位于滨州博兴县，占地 7 万平方米，滑雪面积 5 万平方米，一次性可容纳 1000 人同时滑雪。这里没有寒风的骤然侵袭，也没有天气的极端变化，只有广袤无垠的雪地和漫天飞舞的雪花……精心设计的坡度极其适宜滑降，高手选择挑战自己，新手也能玩得不亦乐乎。

驰骋在这片雪域上，仿佛自己就是那个高唱着“For the First Time in Forever”的冰雪公主。这是为每一个有公主梦、王子心的人而建的冰雪王国。

“地球村”可不只有滑雪场，如果你热爱暖风和骄阳，不妨在夏天再来一趟。

老少皆宜的环园小火车、碰碰车；惊而不险、奇幻刺激的疯狂老鼠、海盗船；还有专为孩子们设计的游园小火车、儿童挖掘机、旋转木马、充气城堡等一系列小型游乐项目。大人们在这里找到童心，孩子们在这里释放童趣，每个人都洋溢着灿烂的阳光笑脸。这里真是个名副其实的童话王国。

要令成年人相信童话，总是比让孩子相信更为困难。但是，当我们跨越了千山万水，走过了遍地荆棘，若还能有所信仰，有所坚持，那我们必能“生也快乐，死也快乐，杯子里总有酒喝”。

INFO

地球村游乐场

地球村游乐场是以现代游乐设施为主，兼具科学、体育、游乐性质的多功能综合性游乐场。内有各种各样的游戏和游乐设备，符合各年龄层次的标准和要求，是一个极具感染力的亲情体验游乐场所。

地 博兴县新城二路支脉河南地球村游乐场

0543-7165678

从旧时光里走来的新华书店

Mr.Cuker
李健生

有个特别的地方渐渐涌上心头，顺着过往的记忆闲散漫步，便走到了位于黄河三路的那家新华书店。如果说每个人心中都有一个安放回忆的『老地方』，那我的就是这儿了。

INFO

地 滨城区黄河三路渤海七路与渤海八路之间

0543-3322371

又是一个百无聊赖的下午，习惯了“上班——加班——下班”的“连贯”生活，偶有闲暇，反倒不知该做些什么。按压着喷壶，喷溅的水花打湿了桌上的绿萝，浸润了土壤，却湿润不了荒芜的日子。

下午两点半，我还是决定抖擞下精神，走出去寻点新鲜，打发走这些惶惶然。

有个特别的地方渐渐浮上心头，顺着过往的记忆闲散漫步，便走到了位于黄河三路的那家新华书店。如果说每个人心中都有一个安放回忆的“老地方”，那我的就是这儿了。

听人讲，这家书店建成于 1952 年，是一间已有六十多年历史的老书店，两年前又做了改装，中国风的装修风格将它衬托得更加沉稳。一年前，我来到滨州生活，整日忙碌奔波，偶尔心事烦乱，便会来这寻一份安静。

阳光透过沿街的飘窗柔柔洒落，红木的桌椅，柔软的靠垫，最适合不过的阅读环境。无处不在的书籍，整齐的暗红色书柜。最让人眼前一亮的，还是一楼通往二楼的“古典台阶”，踏着“论语”“史记”“齐民要术”拾级而上，仿佛踏上了中华文化积累起来的智慧之桥。

各类图书分区明确，那些心仪已久又

难寻觅的书在这往往都能找到。畅销的书籍总是摆放在最显眼的地方，那些装帧精美的图书，温情脉脉地等待着经过的人驻足翻看。常有人将它们拿起，翻看，或直接买走，或者在窗边坐下来，点一份下午茶，连阅读也增添了一份优雅。

心中一直记得一段话：“人生有限，不可能事事经历，也不需要事事经历，一个获得知识、丰富阅历的重要途径便是阅读。书籍能够把辽阔的空间和漫长的时间毫无保留地浇灌给自己，让自己能够驰骋古今，经纬天地。”于是我在现代忙碌的生活中，偶有空闲，就来这里，隔离外界的纷扰，将自己沉入书海，打开一个不一样的世界。

其实，在这家老书店里，不单只有阅读一项活动，各式各样公益传统文化活动、外语公开课，让它成了一个可以充实自我的空间。

不知不觉，三个小时的阅览时间一闪而过。时间总是具有不被察觉的魔力，但阅读却让短暂的时间变得更加生动与饱满。这家老书店，60多年的光阴，让它成为滨州人最熟悉的“老地方”；但这也是一家新的书店，拥有独立书店般独特的气质、浓郁的人文情怀，是公认的“最美基层店”。

普禾时间

陌上花开　📷刘玉彩　小巷幽兰

时间在这里，变得平实而富有密度，轻松播种，收获却总能超出预期。

穿行在喧嚣的都市里，很容易被同化，仅仅为了忙碌而忙碌，目标模糊，方向缺失。时间仿佛大幅度缩水，奔忙中，总感觉时间不够用，恨不得可以把时间按分钟掰开，一天当作两天用。于是，在所难免地开始焦躁。

朋友对我说，普禾书吧是一家“治愈系”小店，常过去坐坐，肯定对安抚我的焦躁有好处。

我对她的话不以为然。尽管每天上下班，都会路过这家店，但是我最多瞟一眼文艺气息浓郁的门面，从没打算进去过。我心想，文艺当不了饭吃，对于我这样一个正忙于打拼事业的人来说，悠闲地读书是一件奢侈的事。直到有一天，我被朋友死拉硬拽进了普禾书吧。

我仿佛经历了一次穿越，眼睛里看见了一帧帧只有电影里才会有的慢镜头。光线是柔和的，店员和顾客的表情是柔和的，耳边若有若无的音乐也是柔和的。我坚硬的内心一下子变得柔软，非常想坐下来，静静地，翻开一本书……

如今，我已经是书吧的常客，每隔一段时间，必须抽出时间去坐坐。如果说时间是一条湍急的大河，身处其中，身不由己，随波逐流，无法从容呼吸、淡定思索，那么一旦走进这里，时间的流速就会忽然变缓，我紧绷的神经也会马上松弛下来。信手翻阅一些有趣的书籍，开始一次不掺杂功利的阅读，或者天马行空地想象一些事情，很多工作中的难题，就被在这里蓦然飞溅出来的灵感火花解决。

书吧里占据整面墙壁的书架，一本本书籍散发着吸引人的光芒。不管这些书我是否读过，都给我一种安定的感觉。不是我太贪心，我一直这么想：如果每周来三两天，总会有一天把所有的书读完。

或点一杯冷饮，或点一杯咖啡，又或者是一壶茶……随着季节的变化，人的口味也发生着变化，不变的，是手里始终捧着一本书。有时，我也会带着一台笔记本电脑去普禾书吧，耳边荡漾着轻柔的音乐，我敲打键盘的声音也融入进去，成为与音乐相和的一部分。

那些书香、茶香、咖啡香营造出一种仪式感很强烈的阅读氛围，在这里，很容易进入深层次的阅读状态。时间在这里，变得平实而富有密度，轻松播种，收获却总能超出预期。

老板是一位端庄和善的大姐，在她不忙的时候，我也会和她轻声聊几句天。她的身上有一股不输年轻人的干劲和活力，她忙碌的身影也是普禾里的一景，从容而优雅。

我曾经以为，生活压力这么大，并非我不想读书，而是没有时间读书，没有时间独处，只有着太多的身不由己。其实不是这样的，生活并没有那么多身不由己，是普禾让我意识到了这一点。

不去普禾书吧的日子里，我依然是忙碌的，却不会再像上足了发条的玩具，因为我明白我在做什么、我为什么做。

INFO

普禾书吧·城市文化空间

地 滨城区黄河五路新立河东路大学饭店东邻普禾书吧

0543-3201338

普禾·上书房

地 滨城区黄河十二路新立河东路建大大厦1楼

18054369992

普禾书吧·黄河社区店

地 滨城区黄河六路渤海十五路黄河社区服务站2楼

18606498911

普禾书吧·无棣店

地 无棣县滨海华庭门西200米

18654381028

到保卫书店，来一场“书嗜”阅读

王爽 刘田

临街的落地窗能透进下午三点钟的阳光，窝在晒得暖洋洋的沙发里，木色桌面上，一盆绿植，一杯咖啡，一本闲书，一段静坐的下午时光。

爱书人通常有一长串与书店有关的故事，城市里通常都有几个书店，称得上是爱书人心中的精神地标。像是台湾的诚品，厦门的不在，青岛的如是，济南的品聚……那滨州呢？想必就是保卫书店了。

保卫书店
DREAM SPACE
保卫书店
保卫书店
快乐生活
快乐生活
保卫书店

INFO

保卫书店

地 滨城区黄河十一路渤海十八路保卫书店服务中心

19954338508

隐没在闹市水泥丛林中，宁静独立，有这样一家小小的书店。相较于其他书店主打文艺的装修氛围，保卫书店给爱书人的第一印象，却是那些动人的小细节。

比如说，保卫书店里的钟表是没有秒针的，据书店的人介绍，这是为了让时间显得慢一点，希望每一位来书店的爱书人都可以纯粹地享受读书带来的快乐。又好比说，书店楼梯的扶手均挂着一个织网，在我眼里，它就像是一个捕梦网，把读书人对书的热爱留下来，把书香梦留下来。

用一个词来形容保卫书店给我的印象，我想就是“书嗜”一词最为合适了。

静谧，店里的读书气氛可以与任何一所大学图书馆比肩；慵懒，CD 机里缓缓流淌的哼唱让时间一点一滴地流逝；“书嗜”，几排书架上摆满了精心挑选的好书，坐下来，紧绷的弦便松弛下来，一窝就是一个下午。

之所以取名保卫书店，是源于 2009 年全国大学生发起的一场“保卫书店，守望梦想”的活动，保卫书店的创办人吴海涛便是这场活动的参与者。2013 年，他带着爱书梦回到了滨州，开设了滨州市区第一家社区图书馆，也由此开始了他的书店守望之路。

如果你也是一个爱书人，每走一个城市都要寻一处书店，若有一日，到了滨州，别忘了到保卫书店走一走。

冲上云霄，从这里开始

使君子 领航通用航空有限公司

《大国重器》第二季在万众期待中终于播出了，在对中国工业发展进行了一次大巡礼的同时，极大地增强了国人的民族自尊心、自豪感。

“空天、基建、能源、海洋、通信、智造”，正是这些支撑国家体系的核心重器，铸就着中国前行的脚步，夯实着中国建设现代化经济体系的底气和信心。

坐落在滨州市沾化区大高镇的山东滨奥飞机制造有限公司，就是在为实现中国飞行繁盛的梦想努力着。

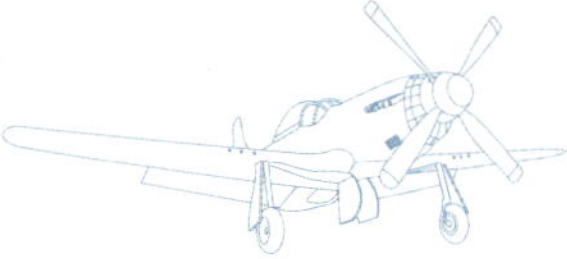

天空海阔，
有多少人年少时的梦想不是成为一名飞行员，
和蓝天白云相依，和夜空星月做伴？
在山东滨奥飞机制造有限公司，
轻易就可实现一个人的飞行梦。

山东滨奥飞机制造有限公司有四个唯一：国内唯一获得欧洲航空安全局 (EASA) 认证的整机制造商；国内唯一中外合资生产全复合材料机体的飞机制造公司；国内唯一拿到了产品销往世界各地许可证的通用航空制造企业；填补了国内通用航空 2-4 座固定翼全复合材料机体航空器制造空白。

天空海阔，有多少人年少时的梦想不是成为一名飞行员，和蓝天白云相依，和夜空星月做伴？在领航通用航空有限公司，轻易就可实现一个人的飞行梦。

生活中常见的飞机有什么不同？飞机为什么会飞？飞机如何爬升、转弯？为什么飞机在天上不会迷路？本场五边飞行是什么样的？成为一名飞行员有哪些必备条件……在领航通航航空科普教育中心，这些数不清的问题，会有穿着帅气的飞行员制服的教官为我们耐心解答。

进入复合材料车间，了解到飞机在历史发展过程中使用材料的变迁；进入总装车间，清晰地观察飞机的五大部件以及各个部件是如何组装起来成为一架完整的飞机；通过密密麻麻的精密仪表盘，了解飞行员如何操纵飞机……

把这些都弄明白了，就来一次痛快的飞行体验。

进行完飞机检查，近距离地待在飞行员的身边，看他熟练操作的全过程，听他与塔台在无线电中的对话，尽情地望着窗外家乡的美景……最后惬意归来，幸运坐在前座的，说不定还能在极有经验的飞行教员的指导下，试试自主驾驶飞机呢。

在这里，飞行的梦想不再遥不可及，祖国航天的伟业也不再只是速度和激情，似乎也有了温度和柔情。我的祖国，已发动引擎，正全速前进着。冲上云霄，就从这里开始。

第十章

私享 畅游滨州

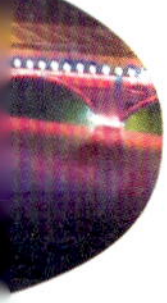

慢享美味，食在滨州

一年四季，三时三餐。
美食，总能给人以安慰。
在滨州，赏玩了山水，寻遍了古城，
也别忘记用美食款待你的胃，你的心。

有一种喜欢，叫一起吃火锅

唇辣号重庆老火锅

地址：滨城区黄河七路渤海十八路东
电话：0543-3337999

宽板凳老灶火锅(渤海五路店)

地址：滨城区黄河三路渤海五路548号
电话：0543-3266888

宽板凳老灶火锅（麒麟阁店）

地址：滨城区黄河十一路渤海十一路万达广场对面
电话：0543-3179888

杨大师鸭爪爪特色火锅

地址：惠民县文安中路劳动局对过
电话：15554343229

湘香火锅鸭

地址：滨城区黄河六路渤海六路往北500米路西
电话：0543-3463847

虾一锅养生火锅

地址：博兴县乐安大街南首美景天城对面
电话：0543-2867166

舌尖之上，“玩”味滨州

流钟锅子饼
地址：滨城区黄河五路大学文化创意街102号
电话：13346286355

苏州饭店
地址：博兴县乔庄镇鲍王村
电话：0543-2550058

大山小铁屋烧鸡店
地址：无棣县碣石山镇大济路大山农行楼下
电话：0543-6431502

贾老四烧鸡驴肉铺
地址：惠民县魏集镇桑王路西侧
电话：0543-5650000

甜点里的小世界

Icesnow韩式雪花冰
地址：滨城区黄河五路渤海十三路大学创意文化城北门向东50米（滨州学院南门）
电话：15066310897

qiqi馋猫美食私房甜品
地址：滨城区黄河十路渤海十路吉泰阳光22号楼
电话：13705438662

一品麦夫
地址：滨城区黄河五路与渤海十一路交叉口全福元西门往北
电话：0543-5023555

松枝记（邹平店）
地址：邹平市会仙三路新玛特四楼观光电梯对面
电话：17862037073

松枝记（沾化店）
地址：沾化区文化路县医院西门南50米华莱士旁
电话：0543-7894444

瑞可爷爷的店
地址：博兴县博兴齐纳影城对面
电话：0543-2812228

玩乐之后，温馨好眠

滨州的夜，是静的。没有闹市的嘈杂，没有汽笛的喧闹，只有轻轻吹拂的微风，潺潺流淌的河水。不如就在这夜色柔柔中，寻一处温暖，享一夜好眠。

豪华型酒店（看不完的美景，享不尽的舒适）

滨州大饭店

地址：滨城区渤海十八路762号(黄河十二路与渤海十八路交会处)

电话：0543-2222222

贵苑大酒店

地址：滨城区渤海九路520号

电话：0543-3286888

佳泰饭店

地址：滨城区黄河五路渤海八路

电话：0543-2211111

北海大饭店

地址：无棣县北海经济开发区滨港七路以东北海四路以北

电话：0543-6222777

滨州威尔仕白鹭湖大酒店

地址：滨城区渤海一路黄河十五路1188号

电话：0543-2222777

阳光假日酒店

地址：滨城区渤海七路568号

电话：0543-3277777

绿都大酒店

地址：滨城区渤海三十路黄河二路

电话：0543-8151777

华滨大酒店

地址：滨城区渤海六路黄河六路531号

电话：0543-3478888

滨州明珠酒店

地址：沾化区沿河路与富国路交叉口

电话：0543-7338888

滨州圣豪丽景温泉度假酒店

地址：惠民县孙武六路与乐安二路交会处西南角

电话：0543-8136788

经济型酒店（高性价比的多种选择）

锦江之星

地址：滨城区黄河三路渤海十路498号（黄河三路店）
电话：0543-3790999

汉庭酒店

地址：滨城区黄河四路渤海六路交叉口西南角（中百大厦店）
电话：0543-3382299

地址：阳信县幸福三路409号（阳信店）
电话：0543-8222888

尚客优骏怡连锁酒店

地址：滨城区黄河五路渤海三路交会处（黄河五路渤海三路店）
电话：0543-3207888

地址：滨城区黄河四路渤海五路路口东北角（新兴市场店）
电话：0543-3313444

地址：滨城区黄河六路与渤海十一路交叉口西南角（黄河六路店）
电话：0543-5081999

都市118连锁酒店

地址：滨城区黄河四路渤海四路交叉路口西南角（新兴市场店）
电话：0543-3126888

如家快捷酒店

地址：滨城区黄河五路渤海九路518号（渤海九路店）
电话：0543-2190888-9

地址：滨城区黄河五路渤海七路588号（渤海七路百货大楼店）
电话：0543-3650111-9

地址：邹平市黄山二路11号（黄河二路店）
电话：0543-5062777-9

7天连锁酒店

地址：无棣县中心大街1号（中心大街店）
电话：0543-6533888　0543-6533567

特色民宿（不负美景，不负卿）

滨州西纸坊·黄河古村高台民宿

地址：经济技术开发区里则街道西纸坊村
电话：0543-3113388

惠民康雅居客栈

地址：惠民县魏集镇魏集村
电话：0543-2133666

大地乡居香坊民宿

地址：滨城区杜店街道香坊王村18号
电话：0543-3310311 15969994484

遇见小栈

地址：惠民县魏集镇魏集村
电话：0543-2133666 0543-2133000

二十七人·文栈

地址：惠民县魏集镇魏集村
电话：0543-2133666 0543-2133000

魏家大院

地址：惠民县魏集镇魏集村
电话：0543-2133666 0543-2133000

康雅居客栈

地址：惠民县魏集镇魏集村
电话：0543-2133666 0543-2133000

瑞霖祥苑

地址：惠民县魏集镇魏集村
电话：0543-2133666 0543-2133000

滨州，滨州，风雅几时休

读书、观影、听音乐、品咖啡……
生活很近，理想不远，
在滨州，探索平常生活的多种不平常方式。

咖啡为伴书为友

我的咖啡店

地址：滨城区黄河八路渤海十五路路东学苑小区北门沿街

电话：13082723250

馨果咖啡

地址：滨城区渤海七路黄河十路往北100米路西

电话：0543-3089111

新华书店

地址：滨城区黄河三路渤海七路与渤海八路之间

电话：0543-3322371

保卫书店

地址：滨城区黄河十一路渤海十八路保卫书店服务中心

电话：19954338508

普禾书吧·城市文化空间

地址：滨城区黄河五路新立河东路大学饭店东邻普禾书吧

电话：0543-3201338

普禾书吧·黄河社区店

地址：滨城区黄河六路渤海十五路黄河社区服务站2楼

电话：18606498911

普禾书吧·上书房

地址：滨城区黄河十二路新立河东路建大大厦1楼

电话：18054369992

普禾书吧·无棣店

地址：无棣县滨海华庭门西200米

电话：18654381028

朝与同歌暮同酒

夜色清吧
地址：滨城区黄河四路渤海七路向西50米路北七天连锁酒店临3楼
电话：15165430379 13181009116

好声音量版KTV
地址：滨城区黄河五路渤海十一路富安国际3楼
电话：0543-3164444

爱唱客·好声音量贩KTV
地址：惠民县武定府路老车站西邻
电话：0543-2234333

格莱美量贩式KTV
地址：滨城区黄河四路渤海国际广场D1-C12号
电话：0543-8297999

海乐迪量贩式KTV
地址：邹平市黄山二路昊星商厦4楼
电话：0543-4309999 0543-4309888

麦田纯K量贩式KTV
地址：无棣县腾达大街与棣新七路交叉口向北100米路西
电话：0543-5223333

麦田量贩式KTV
地址：博兴县博城五路乐安大街南首
电话：0543-2662222

初见音乐酒馆
地址：博兴县滨博大道1258号
电话：0543-3333353

秘塘小酒馆
地址：滨城区黄河三路渤海七路新悦国际90号
电话：0543-3777111

旧时光酒吧
地址：惠民县魏集古村落风情酒吧街
电话：18763047888

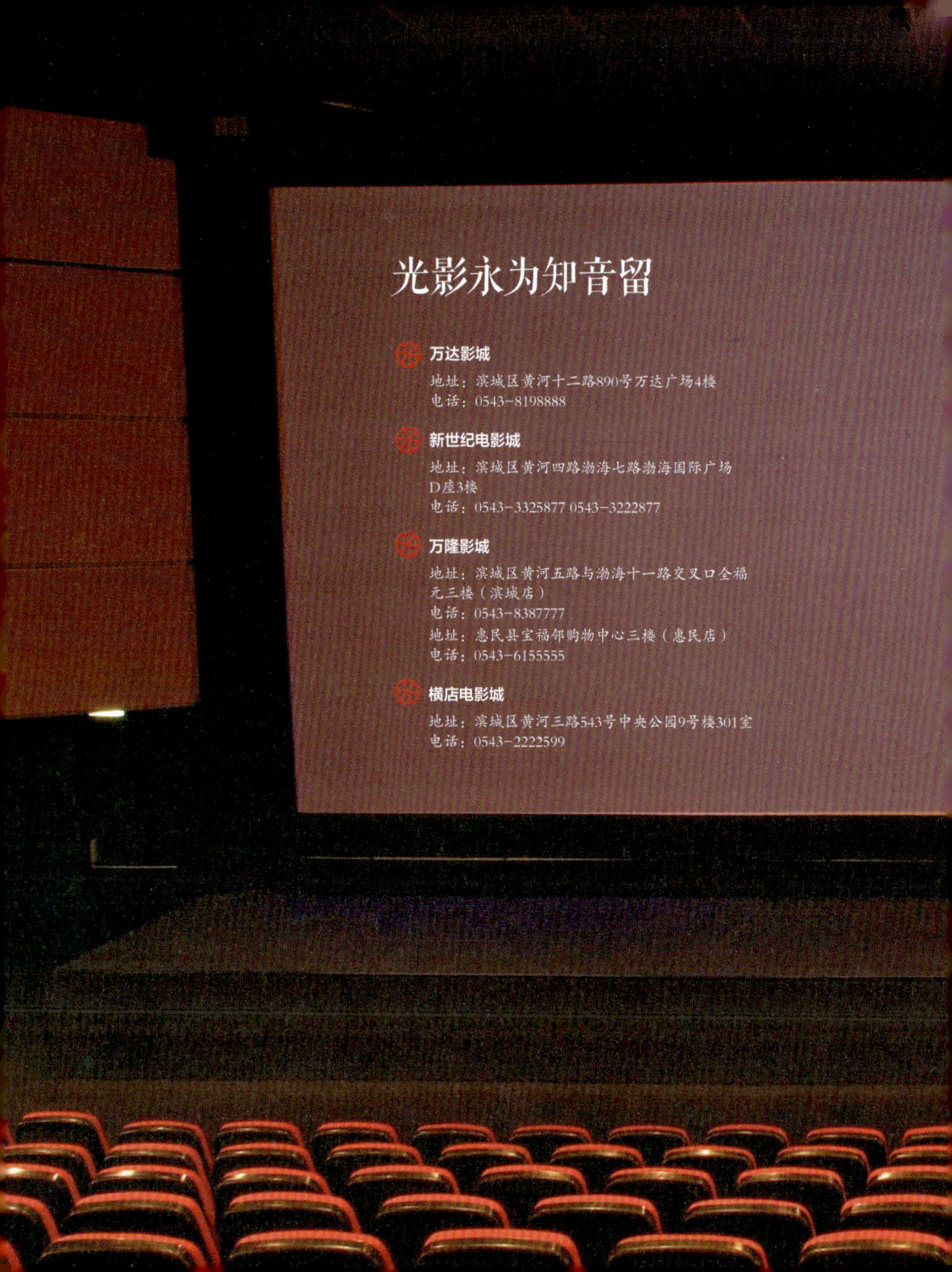
光影永为知音留
万达影城
地址：滨城区黄河十二路890号万达广场4楼
电话：0543-8198888
新世纪电影城
地址：滨城区黄河四路渤海七路渤海国际广场D座3楼
电话：0543-3325877 0543-3222877
万隆影城
地址：滨城区黄河五路与渤海十一路交叉口金福元三楼（滨城店）
电话：0543-8387777
地址：惠民县宝福邻购物中心三楼（惠民店）
电话：0543-6155555
横店电影城
地址：滨城区黄河三路543号中央公园9号楼301室
电话：0543-2222599

沾化广兴电影城

地址：沾化区中心路518号
电话：0543-7326197

华美电影城

地址：无棣县圣豪购物城4楼
电话：0543-6562277

星际电影城

地址：邹平市黄山二路银座商城5楼
电话：0543-4331768

中兴影城

地址：阳信县中兴商厦五楼
电话：0543-8237777

博兴齐纳国际影城

地址：博兴县博城四路一小西邻
电话：0543-2300199

后记

POSTSCRIPT

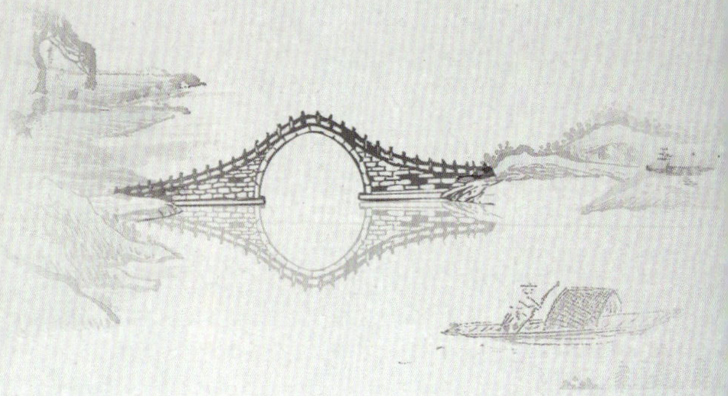

遇见滨州，老么好

因为一本书，爱上一座城。

每一座城市都是一本厚厚的书，值得我们轻轻打开，深深阅读。

这一次，我们读的这本书叫作“滨州”。

2017 年 11 月，我们来到滨州，眺望她的历史文脉，遍寻她的名胜古迹，钻进她的大街小巷，聆听她的城市节奏……驻足、捕捉、探索，她内在的丰富声响美妙而又充满韵律，跳动的生命脉搏深深感染着我们创作团队中的每一员。

她是古老的，是黄河文化和齐文化的发祥地之一，有着上溯五千年的悠久历史，渊源流长；她是时髦的，生态观光、文化旅游、休闲娱乐，活跃出无可替代的新生力量，热闹繁华；她是刚毅的，战争年代里，人民奋起御侮，无数忠骨长眠于此，铁血卫国；她是温柔的，哺育了兵圣孙武、孝子董永、文学家范仲淹……人文荟萃；她是美味的，锅子饼、全驴宴、大山烧鸡、酸浆豆腐……别有风味；她是绚丽的，春天的樱花山是粉红色，夏天的麻大湖是翠绿色，秋天的桑园是金黄色，冬天的古城是雪白色……色彩缤纷；她是优雅的，她是粗犷的，她是友善的，她是鲜活的……

她，独一无二——一方水土，千年历史，万种风情。

座谈、走访、采风、拍摄，历时一年，终成一书——《滨州，老么好》。因为一本书，爱上一座城。愿它能引着你有条不紊地捡拾滨州的美好，留下永生难忘的回忆。新书出版之际，特别感谢山东省和滨州市、县的宣传、文化、旅游、文史等部门领导以及一大群热心诚恳、无私奉献的朋友们，在他们给予的充分信任与协助下，指引我们更加深入、透彻地了解滨州、挖掘滨州、感知滨州。

谨以此书，献给那些生于滨州、长在滨州、居于滨州、路过滨州、怀念滨州、向往滨州、热爱滨州的每一个人。

书在手中，路在脚下。滨州老么好，等您来发现！

2018 年 10 月

图书在版编目（CIP）数据

滨州，老么好 / 《滨州，老么好》编委会编著. --
济南：山东友谊出版社，2018.10
ISBN 978-7-5516-1636-2

Ⅰ. ①滨… Ⅱ. ①滨… Ⅲ. ①旅游指南－滨州 Ⅳ.
①K928.952.3

中国版本图书馆CIP数据核字(2018)第099969号

BINZHOU LAO ME HAO

《滨州，老么好》

主管单位：山东出版传媒股份有限公司
出版发行：山东友谊出版社
地　　址：济南市英雄山路189号　邮编：250002
电　　话：出版管理部（0531）82098756
　　　　　市场营销部（0531）82098035（传真）
印　　刷：青岛海蓝印刷有限责任公司
版　　次：2018年10月第1版
印　　次：2018年10月第1次印刷
开　　本：889mm×1194mm　1/32
印　　张：10.75
字　　数：320千字
定　　价：58.00元